MW00715066

L'ENFANT HÉRÉTIQUE

Gérard Bessière

L'ENFANT HÉRÉTIQUE

Une traversée avec Jésus

Albin Michel

Albin Michel
■ *Spiritualités* ■

*Ouvrage publié sous la direction
de Jean Mouttapa*

© Éditions Albin Michel, S.A., 2004
22, rue Huyghens 75014 Paris
www.albin-michel.fr
ISBN : 2-226-15167-2

I.

Le Compagnon

La vie est voyage. Même, et surtout peut-être, depuis que mon état de santé et mon âge m'ont ramené au pays natal et à la maison, pour n'en guère sortir.

Durant les années où j'étais happé par les activités et où je ne passais guère dix jours sans retrouver le rythme du train, le « Compagnon » m'était sans cesse présent, mais, bien souvent, je regardais vers lui comme distraitement. On s'adressait à moi pour que je parle de lui : je savais le langage appris durant de longues études de philosophie, de théologie, de sciences bibliques, de spiritualité... Parfois, je risquais des paroles qui surgissaient de mon expérience, de mes rencontres, du contact avec les œuvres de penseurs à distance de l'Église, de mes débats intérieurs.

Depuis que je me suis éloigné des responsabilités de la « vie active », mon regard vers le Compagnon est devenu plus insistant, plus interrogateur. Les « mots » à son sujet sont des signes qui indiquent une direction, et j'ai senti de plus en plus leur infirmité. Les constructions que l'on fait de ces termes et des idées qu'ils véhiculent me sont apparues trop sûres d'elles-mêmes : mon hôte silencieux peut-il s'y reconnaître ? Enfin, que reste-t-il de ces mises en ordre lorsqu'on est visité par le vertige à la pensée de ces millions – milliards – d'êtres humains au long des siècles, que la faim, la souffrance, le mépris, la cruauté ont harcelés jusqu'à leur mort ?

Le besoin, le désir, la nécessité se sont imposés en moi de revivre certaines étapes de mon voyage, depuis les souvenirs de l'enfant que je fus, et que je demeure, jusqu'à l'aujourd'hui de mes soixante-quinze ans.

Je ne raconterai pas ma vie. J'évoquerai des événements, des moments de clarté ou de ténèbre. Comment ma mémoire fera-t-elle le tri ? Est-ce possible de le savoir avec certitude sans se tromper soi-même ?

La vie est polyphonique. On aura parfois l'impression de s'éloigner du sujet quand on s'attardera à méditer un instant sur une lecture, à se souvenir de visages aperçus. C'est alors peut-être que l'on s'approchera sans le savoir de l'inexprimable toujours cherché, jamais atteint.

*

Quand on me demande si j'ai beaucoup voyagé, je suis toujours gêné pour répondre. J'ai vu Beyrouth, Damas, Amman, Jérusalem, Madrid, Caracas, Valparaiso, Buenos Aires, Montevideo, Milan, Florence, Rome, Istanbul, Salamanque, Athènes... mais après avoir énuméré ces noms de villes, j'ai le sentiment de n'avoir donné qu'une réponse superficielle et d'avoir dissimulé ce que furent en réalité mes voyages. C'est vrai, j'ai rêvé devant les ruines de Baalbeck, je vois briller le dallage de la grande cour de la mosquée des Omeyyades, je suis encore sur le mont Nebo à regarder le brouillard laiteux au-dessus de la Palestine, je ressens toujours l'appel d'infini des grandes lignes du plateau castillan, la cordillère des Andes défile souvent en moi, comme au hublot de l'avion au cours d'un long après-midi ensoleillé, entre Lima et Santiago... Ces voyages d'il y a trente, quarante, cinquante ans se poursuivent en moi. Je n'ai jamais pris de photos, mais l'impression vive demeure et je suis souvent, intérieurement, en ces lieux qui m'habitent définitivement. Que de fois je m'extasie en débouchant sur la Plaza Mayor à Salamanque.

Je n'ai toujours pas répondu à la question embarrassante. Qu'ai-je donc omis de si difficile à exprimer ? Le mot qui monte en moi, que je peine à libérer, c'est le mot : visage. Durant mes voyages, au cœur d'une ville chargée d'histoire et de beauté, face à un paysage illimité, mon attention est vite distraite par les visages, par un visage... Et il m'arrive parfois de retrouver dans mon souvenir la douceur d'une pauvre femme dans une église de Montevideo, le regard d'un vieux bénédictin à Tripoli, la silhouette d'une jeune fille agenouillée dans une chapelle de Rome, la voix d'un Palestinien ridé qui murmurait, assis sous un figuier : « Les ventres gagneront... », et aussi la foule bigarrée dans le Grand Bazar d'Istanbul, le flot des jeunes dans les rues de Caracas, une marée de supporters à l'aéroport de Santiago venus accueillir un champion...

La première rencontre, dans un port libanais, en 1951, avec toute une population orientale, pendant que s'élevait la voix d'un muezzin du haut d'un minaret, fut pour moi la découverte de la diversité humaine : mon étonnement dure encore, avec une sorte d'attendrissement devant la variété des vies, de la condition des hommes... Pourquoi les visages, un visage, particulièrement un visage féminin, peuvent-ils ainsi capter mon attention alors même qu'un monument, un paysage, devraient la retenir ? Tous mes voyages furent des voyages en humanité, tous furent des rencontres de visages. Un regret : celui de n'avoir pas toujours pu parler avec ces femmes et ces hommes pour approcher leur vie de chaque jour et accueillir les aspirations et le goût d'avenir qui fermentaient en eux. Les voyages ne sont-ils pas, parfois, spectacle regardé par un passant ? Reste que, après avoir rencontré des pays et des peuples, on ne lit plus comme avant, dans le journal, les nouvelles de là-bas : une communauté est née.

« Vous avez beaucoup voyagé ? » Je ne suis toujours pas satisfait par mes réponses. J'ai un aveu plus délicat à faire. La résistance intérieure est grande. Comment vais-je... exprimer ? Je vais risquer des phrases brèves. Je n'ai fait qu'un seul voyage dans ma vie. J'ai toujours eu le même Compagnon. La rencontre de ce Compagnon invisible est peut-être le véritable voyage. C'est lui que je cherche sur tous mes itinéraires.

C'est vrai, j'éprouve la vie comme un unique voyage, poursuivi à l'intime de moi-même, en cette zone d'ombre et de lumière, de calme et de turbulences, où les événements, les rencontres, la présence en mon cœur des êtres aimés, sollicitent ma liberté fragile. Sur ce chemin intérieur, il faudrait saluer longuement les figures lumineuses qui m'attirent toujours – des hommes de la Bible, des saints, des justes persécutés, des penseurs, des poètes... –, et aussi des chefs-d'œuvre de la musique, de la peinture, de la sculpture, de l'architecture. Il serait trop long d'en esquisser ici la liste. Ils jalonnent et accompagnent le voyage.

Au-delà, en deçà, à l'intérieur de l'intérieur – comment dire ? –, il y a le Compagnon. Le mot « Dieu », bien sûr, se présente. Mais comme ce pauvre mot a été abîmé, perverti par l'usage ! J'aimerais mieux parler du cœur de l'univers, du Mystère qui affleure en notre propre mystère, du Visage des visages... Mais c'est encore bégayer, et peut-on faire mieux que de laisser trébucher la parole, les symboles, vers l'impossible expression ?

J'ai cru parfois connaître un peu ce Compagnon. Ce fut toujours de courte durée. Je l'ai souvent perdu. Il m'a semblé que je le retrouvais ou qu'il se rapprochait de moi. Il a disparu à nouveau. Je me suis souvent demandé si ce n'était pas un Compagnon illusoire, si je ne me faisais pas « des idées », si ce n'était pas « trop beau » alors qu'il y a tant de cruautés en ce monde. Mais d'où vient ce « trop beau » ? Ne faut-il pas, là même, pressentir une discrète présence ?

On a dit qu'il était mort. C'est vrai, mais le naufrage des idées, des formules, des images, le rend à lui-même. Et comme l'a dit le poète, « tout dieu mort met au monde un Dieu toujours futur ». Notre inconnaissance ne serait-elle pas le grand seuil ouvert au vertige de... ?

Mes voyages, mon voyage de vie vont vers l'ineffable Compagnon. Il se cache souvent derrière la beauté, la souffrance, la dignité, les sursauts de la justice, l'amour donné... Il m'a semblé parfois sentir qu'il était là, alors qu'on partageait... Je l'ai senti si proche en regardant vers Jésus.

*

Avais-je quatre, cinq ans ? Ce jour-là, dans la cour de la maison, j'ai trouvé par terre un lucane. Il était mort mais le vernis de ses ailes était intact. Jamais je n'avais vu ce gros insecte et je ne connaissais pas son nom. Je suis resté en extase devant cet être inconnu. Soudain, j'ai décidé que c'était « Dieu ». Faut-il dire : « J'ai décidé » ? Serait-il plus exact d'écrire : « J'ai cru reconnaître Dieu dans le beau lucane » ? Je ne sais pas, mais il me semble apercevoir dans les brumes légères de la mémoire enfantine que les deux formules sont vraies et qu'elles s'appellent l'une l'autre.

Que faire quand on rencontre Dieu dans la cour de la maison ? Je suis allé chercher Georges, mon frère, mon aîné, et je lui ai appris la nouvelle. Nous nous sommes rendus sur les lieux et nous avons délibéré gravement. Nous avons préparé, au pied du tilleul, une petite tombe tapissée de feuilles douces et nous avons enterré Dieu très solennellement. Nous avons fait une bordure de cailloux et nous avons fleuri l'espace sacré. Le culte a bien duré trois ou quatre jours.

Quelle poussée intérieure m'avait fait diviniser le lucane ? Ce n'était pas la « peur », dont Lucrèce dit qu'elle

14

« fit les dieux ». Était-ce l'étrangeté fascinante du gros insecte avec ses mandibules impressionnantes ? Faut-il expliquer cet événement religieux par mon « ignorance » ? Sans doute, car j'étais devant l'Inconnu, auquel je ne pouvais même pas donner un nom. Mais cette explication ne suffit pas. Mon dieu mystérieux était beau. Peut-être l'émerveillement est-il lui aussi à l'origine des dieux... Comme si l'on ressentait un excès, un débordement à l'intérieur de nous-mêmes, un élan qui vient de plus loin que nous et qui loin s'en va.

Le dieu que je venais de découvrir ne me ressemblait pas. Je ne savais pas, en cet après-midi d'enfance, que Xénophane avait écrit, au sixième siècle avant J.-C. : « Si les chevaux avaient des dieux, ils auraient des têtes de chevaux. » Je ne connaissais pas la phrase de Voltaire : « Dieu a fait l'homme à son image et l'homme le lui a bien rendu. » Non, mon dieu n'avait apparemment rien d'humain. Dernière remarque : c'était un dieu mort et je n'en étais aucunement troublé. De quoi était-il mort, dans la cour de la maison ? La question n'avait pas effleuré mon esprit. On avait fait des obsèques grandioses, c'était là l'important, et on pouvait se rendre sur sa tombe.

Ce fut le premier dieu qui me fût vraiment personnel. L'ai-je tout à fait renié ? Je n'oserais l'affirmer.

*

À la fin octobre, quand nous sortions du catéchisme, il faisait déjà nuit. Devant la petite chapelle romane où nous avions récité notre leçon, Maman m'attendait, frêle, fragile, si douce. Elle boutonnait ma pèlerine noire. À travers l'ouverture de l'étoffe, sur la droite, je sortais ma main pour rejoindre la sienne. Nous traversions le pont. Une odeur humide de feuilles mortes nous enveloppait. Au-delà du pont, l'ombre s'épaississait. On passait près d'un grand cèdre dont j'entendais frémir la ramure altière. Des paquets de vent nous assaillaient parfois. De ma main gauche, je rabattais le capuchon sur mon visage. Je ne voyais plus rien. J'étais enfermé dans les ténèbres. Je marchais dans l'obscurité, la main dans la main de Maman. Elle ne savait pas sans doute que je m'étais retiré dans la pèlerine et que je n'avais plus d'autre contact avec le monde que sa main. Sa main n'était pas « le monde ». C'était Maman. Je marchais à l'unisson de son pas. Plus la bourrasque s'affolait, plus j'étais heureux d'avancer ainsi en aveugle.

J'avais oublié le catéchisme, les questions et les réponses, et ce grand tableau aux couleurs un peu passées où l'on voyait un personnage farouche assis sur des rochers, avec de grosses clefs posées à côté de lui. J'ai su plus tard que c'était saint Pierre, mais pendant longtemps j'ai cru que c'était Dieu le Père qui nous regardait avec sévérité. Sous la pèlerine, encapuchonné, j'aimais retrouver la ténèbre et marcher confiant en tenant la main.

C'était ma « religion ». J'étais « relié » de tendresse. Quand je pense au catéchisme de mon enfance, ce retour obscur, guidé par Maman, demeure le souvenir le plus vivant.

Après le dîner, on rejoignait la chambre où le Myrrhus ronflait. À travers la petite fenêtre de mica, on voyait danser les flammes. Une quiétude rassurante s'étendait jusque dans les zones d'ombre de la pièce. Après avoir bordé mon lit, Maman me faisait faire ma prière. C'était le *Notre Père* et le *Je vous salue, Marie*, peut-être le *Je crois en Dieu*. Ensuite, je murmurais avec elle : « Jésus, Marie, Joseph, je vous donne mon cœur, mon esprit et ma vie. » Au mur, une gravure triste représentait un Jésus enfant, presque adolescent, assis au bord d'une couche misérable, plutôt paillasse que lit.

Avant de m'endormir, je pleurais parfois sous le drap, en pensant qu'un jour mes parents mourraient. Certains soirs, en pressant sur mes paupières, je faisais apparaître une féerie de formes et de couleurs, des « phosphènes ». Je m'émerveillais : des univers de beauté étaient-ils disponibles en moi ?

*

À la grand-messe, à dix heures, je prenais place sur les petits bancs, au bout de la nef, avec les camarades. J'enviais les enfants de chœur qui débouchaient de la sacristie avec leurs soutanes rouges et leurs surplis blancs. Suivait le vicaire qui boitait un peu, et le curé-doyen, avec la chasuble verte, violette ou blanche, selon la saison liturgique. Aux jours de fête, elle était dorée : le prêtre avait l'air d'un gros scarabée brillant. La clochette, en temps ordinaire, le carillon, lors des solennités, annonçait le début de la cérémonie.

Je m'ennuyais pendant les lectures en latin. Mais il y avait du mouvement. Le célébrant se retournait pour dire : « Dominus vobiscum », il étendait les bras en priant, il élevait les yeux vers le ciel. Les enfants de chœur avaient beaucoup à faire : aller chercher le gros livre et son pupitre, à la droite de l'autel, descendre les degrés, faire une génuflexion, monter vers la gauche sans rien renverser... Ils devaient aussi présenter les burettes, réciter la longue réponse à l'« Orate fratres », effectuer les sonneries variées quand le prêtre élevait très haut l'hostie et le calice, lors de la consécration.

C'était le moment le plus pathétique. On inclinait la tête et on fermait les yeux, jusqu'à ce que la sonnette annonce la fin de ces instants sublimes. Le bruit courait parmi les enfants qu'on tombait mort si on regardait l'hostie au moment de l'élévation. Je réfléchissais à cette terrible menace, et je me demandais si elle était sérieuse. Il n'y avait qu'une seule manière de le vérifier : un dimanche, alors que l'enfant de chœur agitait la clochette, j'ai courbé la tête mais en gardant les yeux grands ouverts... et je ne suis pas tombé mort. Je ne suis pas sûr de ne pas avoir éprouvé une légère déception.

Ce qui me touchait le plus, c'était l'ardeur avec laquelle le vicaire chantait, tourné vers nous, derrière la table sainte. Je l'entends encore lancer d'une voix vibrante : « Oui ! Sous l'humble hostie, j'adore Dieu, vrai pain de vie... » La force avec laquelle il articulait ce « Oui ! » m'impressionnait. Il y avait aussi des couplets dont les précisions que l'on dirait aujourd'hui « théologiques » me donnaient à réfléchir : « Dans la consécration / Le prêtre parle en son nom / Aussitôt et chaque fois / Jésus se rend à sa voix... » et encore : « Ainsi sans quitter le ciel / Il réside sur l'autel / Il fait ici son séjour / Pour contenter son amour... ». La mélodie était vigoureuse, les femmes chantaient derrière nous, on n'entendait guère les hommes. J'éprouvais des sentiments variés devant la conviction fervente du vicaire, l'étrangeté des paroles, le mutisme des hommes.

Un autre cantique revenait souvent, dont je trouvais la musique mièvre ; « Lou-ou-é soit à tout instan-ant Jé-é-sus au Saint Sacrement... » Le couplet, toujours en ma mémoire, apportait aussi des précisions étonnantes : « Jésus veut, par un miracle / Près de nous, la nuit le jour / Habiter au tabernacle / Prisonnier de son amour... » Prisonnier ?

Ma réflexion, devant ces affirmations ferventes, n'allait pas bien loin. Était-ce même réflexion ? J'éprouvais une gêne légère. Je m'en accommodais en regardant dans l'église les cierges, les fleurs, les petites filles. La voûte était très haute, tout près du ciel sans doute. On respirait une odeur que l'on ne rencontrait nulle part ailleurs. Cire, encens, bouquets, humidité parfois, les parfums mêlés happaient nos petites âmes. On ne savait plus trop où on en était. On chantait encore, après la communion : « Le ciel a visité la terre / Mon bien-aimé repose en moi. Du saint amour, c'est le mystère / ô mon âme, adore et tais-toi... » Malgré cette invitation émue, on essayait parfois de bavarder, mais un regard du vicaire suffisait à nous figer. « Adore et tais-toi... »

La fin de la messe approchait, on sentait une légère accélération. Le prêtre se retournait encore vers nous et entonnait : « I-i-i-i-te, e-e-e-e-, e-e-e-e-e-e-, e-e-e-e-e missa est. » Après le *Deo gratias* chanté par l'assemblée, une grande bénédiction du célébrant nous enveloppait. Puis on sortait.

Dehors aussi, c'était dimanche. Je pensais déjà à la table familiale, à la poule farcie que Maman avait mise à la soupe et que Papa découperait avec le grand couteau, au flan qui ressemblerait à un volcan lorsqu'on retournerait sur un plat creux le moule caramélisé...

*

Noël arrivait. Je l'avais attendu durant des semaines. Le froid extérieur, l'odeur de la neige et du grésil, la chaleur de la salle de classe, la quiétude de la maison se mêlaient dans cette attente. Enfin l'école nous laissait partir en vacances.

Noël, c'était demain soir. Le marronnier de la cour, la longue terrasse de la maison qui était pour moi le pont d'un navire, les toits et les cheminées du voisinage, tout semblait se recueillir. Les heures lentes prenaient une saveur ineffable. Quand la nuit venait se mêler à la grisaille, le 24 au soir, nous quittions la vie ordinaire. Où étions-nous ? Le feu crépitait dans la cheminée, les lumières au loin semblaient faire signe, l'ombre était accueillante aux carreaux de la fenêtre. Le gros poste de radio faisait entendre des chœurs d'enfants : étaient-ce des voix de la terre ou du ciel ? Je ne me posais pas de questions, j'étais dans une extase de douceur.

À minuit moins le quart, on partait vers l'église. Les couleurs du vitrail chantaient au-dessus du portail. Sur le seuil, on avait l'impression de pénétrer dans un monde de lumière et d'harmonie. Enfin, sur la droite, nous allions vers la crèche. Tout Noël était là : l'enfant posé sur la paille, Marie et Joseph, et aussi le bœuf et l'âne, des brebis dispersées avec les bergers, le ruisseau qui brillait et passait sous un vrai pont, la mousse, le rocher... L'ange, assis, faisait merci de la tête quand on laissait tomber une pièce dans la fente. La longue nef de l'église, la haute voûte, les piliers trapus, plus rien n'existait : j'étais, moi aussi, dans la crèche... L'étoile était au-dessus de nous.

On allait chanter : « Il est né le divin enfant, jouez hautbois, résonnez musettes... » J'entendais « au bois », et je m'étonnais de ces musettes qui « résonnaient ». Avec le couplet nous étions au terme d'une immense espérance : « Depuis plus de quatre mille ans, nous le promettaient les prophètes... » Nous vivions un accomplissement : le ciel et la terre s'étaient enfin rejoints. « Les anges, dans nos campagnes, ont entonné l'hymne des cieux... » Les anges étaient dehors, dans les prés, dans les champs !

La messe commençait. Je n'ai pas d'autre souvenir que le picotement de mes paupières et la montée irrépressible du sommeil. Après le dernier chant, on s'acheminait vers la porte en passant encore une fois devant la crèche.

À la maison, un petit réveillon nous attendait. Sur une assiette, il y avait de la hure. C'était la seule fois de l'année où on mangeait de ce pâté dont la tranche semblait un marbre veiné. Je m'effondrais dans le sommeil. Au matin, les jouets étaient posés près du poêle de la chambre. Les voir, les regarder, avant même de les toucher, était un moment unique.

La crèche était là-bas, à l'église, mais elle était aussi auprès de la cheminée de la chambre : les personnages n'étaient pas nombreux, mais il y avait de la mousse et du papier-rocher. La crèche était aussi en moi, ou plutôt je regardais en moi le « divin enfançon ».

C'était il y a longtemps, avant la guerre de 1939. Mais chaque année, à l'approche de Noël, je me surprends à fredonner tout seul : « Les anges, dans nos campagnes... » ; des bouffées d'enfance remontent en moi et je suis à nouveau devant la crèche. Je vois briller le ruisseau dans la mousse, le bœuf rumine en paix, le bébé potelé sourit.

*

À cinq ou six heures du soir, de l'« heure ancienne », comme on disait alors... Sur le chemin de la maison, les jardins, les talus, les buissons exhalaient les effluves du printemps. Ici et là, des foules de pâquerettes, des familles de primevères, des bouquets de violettes... Comme si le monde venait de naître en cette fin d'après-midi si douce. Demain serait un dimanche unique : j'allais faire la « communion privée ». Je me sentais heureux, léger, sans la moindre ombre en l'âme. Je venais de me confesser pour la première fois. Avais-je sept ans, huit ans ? Je ne sais plus.

Depuis quelques jours, j'examinais ma vie ! Sur la route, vers la petite chapelle où nous étions convoqués, j'avais fait le catalogue de mes péchés. Quand mon tour était arrivé, j'étais entré dans la pénombre accueillante du confessionnal. Encore une attente. Soudain, mon cœur s'était un peu serré : le prêtre refermait le volet de la grille de l'autre côté. Maintenant il ouvrait de mon côté. J'apercevais le surplis blanc, un menton proche. Je me suis appliqué à ne rien oublier des prières apprises depuis quelques semaines. « Mon Père, bénissez-moi parce que j'ai péché. » Et j'ai dit tous mes péchés. Après un silence, le prêtre a prononcé quelques paroles. Puis, dans un signe de croix ample et lent, il m'a donné l'absolution. J'ai été m'agenouiller sur une chaise. J'ai fait la pénitence : une prière à réciter. Je suis sorti sur la petite place et je suis parti vers la maison. C'est alors que j'ai senti en moi un indicible printemps, la vie toute neuve, un petit garçon aérien. Le lendemain, j'allai communier, avec des chaussettes blanches, mais déjà Jésus était en moi : mon plus merveilleux ami.

*

Je « pratiquais » la religion de mes parents. Le dimanche, on allait à la messe et aux vêpres. Le chant latin des Psaumes était alterné entre un chantre aveugle et une chorale de dames, à droite et à gauche avant le chœur de l'église. Des deux côtés, un harmonium. Celui de l'aveugle était « pédalé » et touché avec vigueur. Celui de la religieuse qui accompagnait le chant féminin était plus doux. L'ensemble m'émouvait, mais je résistais parfois à la marée du sentiment en poursuivant des réflexions que je pourrais aujourd'hui qualifier de « rationalistes ». Je me demandais si ces cérémonies et la « foi » qu'elles orchestraient n'étaient pas une invention tout humaine. Lieu de mes émotions religieuses, l'église était aussi le lieu de mes doutes. Je n'en parlais à personne.

Je me disais qu'on avait dû inventer la religion pour « tenir » les gens, en les menaçant de l'enfer. J'avais entendu parler du Séminaire. Durant de longues années, on y inculquait sans doute un énorme catéchisme aux futurs officiers du culte. La veille du jour où ils étaient faits prêtres, on les réunissait pour leur dire que tout ce qu'on leur avait appris n'était pas vrai, mais que c'était bon pour la société et que, d'ailleurs, ils ne pouvaient plus revenir en arrière, etc. Terrible prise de conscience pendant qu'on chantait l'interminable « In exitu Israël de Egypto, domus Jacob de populo barbaro »...

Nous avions deux prêtres, le curé-doyen et son vicaire : ils étaient assis face à face, des deux côtés du chœur, le premier sur un trône revêtu de velours rouge, le second dans une stalle de bois austère. Je regardais ces deux hommes. Le curé-doyen, lui, savait certainement le secret. Le vicaire, qui chantait faux, qui prêchait mal, mais qui était si bon, qui nous emmenait sur les collines le jeudi et m'aidait dans les passages difficiles, lui – j'en étais sûr –, ne savait pas. Il était tellement « brave », comme on dit dans nos campagnes, qu'on ne lui avait rien dit. Pendant des mois, durant les vêpres, sur le banc des enfants, je me posai une question cruciale : ne devais-je pas aller lui parler et lui dévoiler la vérité ? Après bien des débats intérieurs, j'ai décidé de préserver sa paix : il avait l'air heureux, pourquoi jeter en lui le feu destructeur ? Je n'avais rien dit à mes parents et à mon frère. Je portais seul, de dimanche en dimanche, l'âpre lucidité.

Au jour même de ma communion solennelle, quand j'élevais bien haut la couronne de verdure, en chantant à Marie : « Prends ma couronne, je te la donne, au ciel, n'est-ce pas, tu me la rendras... », je me demandai, en regardant la clef de voûte du chœur, si tous nos bras n'étaient pas tendus vers le vide. Je n'ai jamais oublié cette interrogation muette au milieu de la ferveur collective. En la même saison de mon enfance, il m'arrivait de défendre la religion, en discutant avec les camarades ou avec des personnes qui ne fréquentaient pas l'église. Était-ce pour compenser la fragilité de mes propres pensées ? C'était déjà, me semble-t-il, chercher comment concilier foi et raison, et peut-être découvrir des « preuves » dont la clarté dissiperait mes brumes intérieures. Plus tard, au Grand Séminaire, j'allais me passionner pour l'apologétique... avant d'en découvrir les faiblesses. L'enfant qui doutait pendant les vêpres se réveillait parfois et s'interrogeait encore sur la couronne levée vers le ciel. Avait-il oublié le terrible secret découvert pendant le chant des Psaumes ?

Je passai des années sans qu'il remonte en ma mémoire. La veille du jour où j'ai été ordonné prêtre, il a ressurgi soudain en mon esprit. J'en étais au moment où on allait me le révéler. M'a-t-on jugé, moi aussi, « brave » et naïf ? On ne m'a rien dit. J'ai souri de voir réapparaître ce souvenir, en ces zones de perpétuelle enfance où notre inconscient ne cesse de jouer. Aujourd'hui, je me demande si ce jeu n'est pas très sérieux, comme le sont tous les jeux d'enfant.

*

Je quittai les bancs anonymes pour devenir enfant de chœur. L'âge des responsabilités... Soutane rouge et surplis blanc, les dimanches ordinaires, soutane et toque violette, surplis en dentelle, les jours de fête. On était un peu comme le prêtre. On « servait » la messe, les vêpres, le salut du Saint Sacrement. On commençait modestement, au bout de la rangée des six enfants de chœur. Avec l'expérience et l'ancienneté, on se rapprochait du prêtre et on accédait à des responsabilités importantes : transporter le missel et son pupitre d'un côté à l'autre de l'autel pour la lecture de l'Évangile, présenter les burettes, allumer le charbon à la sacristie pour l'encensoir que l'on balançait, debout, derrière le célébrant. Il me semblait que tout le monde me regardait. Les petites filles, au-delà de la sainte table, devaient m'observer sans doute, mais cette pensée ne me distrayait pas longtemps de ma fonction. Mon attention restait fixée sur le prêtre. Comment ne pas ambitionner de devenir un jour ce personnage mystérieux, vénéré, qui semblait nous conduire vers le pays de Dieu ?

Ces rôles sacrés n'étaient pas limités au dimanche. En semaine, durant mars, mai, juin, octobre, on se rassemblait aussi, vers dix-neuf heures trente, pour célébrer le mois de saint Joseph, celui de Marie, celui du Sacré-Cœur, celui du Rosaire. J'aimais ces sorties vespérales, aux odeurs et aux couleurs changeantes des saisons. Une farandole de sentiments, d'idées, de rêves dansait en moi. Un soir de mars, dans la chapelle proche du presbytère, alors que l'encensoir dans mes mains allait de gauche et de droite en laissant échapper ses volutes légères de fumée, je me souviens que la réflexion sur la religion m'occupa à nouveau. J'avais oublié ma théorie liquidatrice. Je n'étais plus à distance, comme au temps où j'étais sur les bancs. J'étais maintenant partie prenante. Je me sentais solidaire de ces hommes, de ces femmes, qui étaient là, derrière moi... Et aussi des formes douces de la chapelle que l'on disait très ancienne, de l'odeur de l'encens, des cierges allumés. Mais, en même temps – j'en ai le souvenir précis –, je me disais que tout cela allait finir et je sentais en moi un grand désir de participer à la nouvelle naissance de la religion.

J'ambitionnais même de jouer un rôle dans cette

renaissance. Un instant, je pris mon menton dans ma main droite, comme pour réfléchir plus fort.

J'arrêtai l'encensoir pour agiter la sonnette, car j'étais seul pour tout faire, ce soir-là. Pendant que le prêtre bénissait l'assemblée avec l'ostensoir et l'hostie consacrée, j'encensai par trois fois Notre Dieu. Il allait bientôt regagner le tabernacle, après qu'on l'eut imploré trois fois : « Mon Dieu, donnez-nous des prêtres ! Mon Dieu, donnez-nous de saints prêtres ! Mon Dieu, donnez-nous beaucoup de saints prêtres ! »

En franchissant le pont qui me ramenait dans la nuit vers la maison, avais-je déjà oublié mon envie de réformer, de re-former, une religion dont je pressentais confusément le déclin dans les odeurs de l'encens ? Je ne sais plus. Peut-être... Mais ce vertige et ce désir brièvement apparus dans ma conscience s'étaient inscrits dans ma pénombre intérieure. Il allait ressurgir un jour, du pays si lointain et si proche de l'enfance.

*

On traversait les jours et les heures les plus pathétiques durant la Semaine sainte. Pour les enfants de chœur, c'étaient les grandes manœuvres de l'année.

Dès le matin du dimanche des Rameaux, on commençait à vivre des moments étranges. Ceux d'entre nous qui n'avaient pas beaucoup de métier étaient complètement perdus. Avant la messe, nous sortions de l'église avec notre vieux curé revêtu de son aube, par la petite porte du bas-côté, comme si on nous mettait dehors. Nous allions à la grande entrée et le prêtre chantait à travers le lourd portail fermé : « Attollite portas... et elevamini, portae aeternales, et introibit rex gloriae. » J'ai su depuis que cela voulait dire : « Ouvrez-vous, portes éternelles... et le roi de gloire entrera. » Après un silence, on entendait de l'intérieur, au-delà du portail, des voix de femmes qui semblaient demander de quelque ciel lointain : « Quis est iste rex gloriae (qui est ce roi de gloire) ? » Notre curé, qui avait le visage sanguin, tapait contre la porte avec le manche de la croix de procession. Il avait l'air en colère. On avait un peu peur. Mais la porte s'ouvrait et on s'engouffrait tous dans l'église où l'odeur printanière des rameaux nous escortait jusqu'à l'autel. La messe commençait sans qu'on ait à répondre aux prières au bas de l'autel.

Dans la semaine, on revenait plusieurs fois. Les offices n'étaient jamais les mêmes. Il fallait que le prêtre nous donne des indications, alors qu'on « servait » pourtant la messe ou les vêpres, le dimanche, sans qu'il ait à lever le doigt. Le jeudi, les cloches sonnaient à toute volée au moment de s'envoler vers Rome. On sortait d'un tiroir de la sacristie la crécelle avec laquelle on allait parcourir les rues du village, pour remplacer les cloches... L'après-midi, il y avait l'office des ténèbres, avec le grand chandelier en triangle qui n'apparaissait que ce jour-là. À la fin de chaque Psaume, on éteignait une bougie : il y en avait vingt-quatre, c'était interminable. Suivait le Vendredi saint, si triste, avec le grand sermon de la Passion où l'on se sentait tous coupables de la mort de Jésus.

Le Samedi saint – merveille ! –, on allumait un feu

devant l'église. On se sentait beaucoup mieux. Les filles portaient des bouquets. On se confessait. Et, au matin du jour de Pâques, tout était neuf : les souliers, le chant des oiseaux, le curé, le soleil. Les cloches étaient revenues. La crécelle à la voix si éraillée avait regagné l'ombre silencieuse de son tiroir. Pour la messe solennelle, la clochette des dimanches ordinaires s'effaçait devant le carillon. À l'église, on avait sorti tout ce qu'il y avait de plus beau. Les enfants de chœur étaient en violet : nous avions même un petit camail et une coiffe sur la tête comme en portent les évêques ! Toute cette semaine troublée se terminait par une grande fête. La vie était printemps. Tout respirait la fraîcheur de l'enfance. On allait chercher chez le boulanger la coque dorée qu'il ne cuisait que pour le jour de Pâques.

En cette semaine unique, tout semblait vaciller. En voyant notre curé heurter avec force le portail de l'église, le jour des Rameaux, en le regardant quitter les souliers et se prosterner en chaussettes le Vendredi saint devant un crucifix, nous sentions obscurément que des événements très graves se jouaient, sur la terre comme au ciel. Pendant cette semaine « sainte », nous étions emportés dans une tragédie qui semblait ébranler les réalités les plus stables, le tout de la vie. Le drame arrivait jusqu'à nous. Il parvenait à ternir notre immense joie d'être enfants.

Nous connaissions quelques bribes de ces événements troublants. Nous gardions dans nos mémoires les tableaux du Chemin de Croix devant lesquels on s'agenouillait en faisant le tour de l'église. Ça faisait mal de voir flageller Jésus, de voir qu'on lui clouait les mains, de voir qu'il mourait sur la croix. Heureusement que Pâques allait arriver...

*

On me demande parfois pourquoi, comment, je suis devenu prêtre. Je me pose la question à moi-même, paisiblement, sans pouvoir trouver la ou les réponses. Je souris de cette ignorance. Par quels chemins intérieurs ai-je été conduit ? Je sais un peu les motivations auxquelles j'ai été sensible au long de mon adolescence. Je pressens aussi que des dynamismes obscurs ont été actifs dans les cavernes de mon inconscient : je suis incapable d'en faire l'analyse fine. Cependant, certains événements d'enfance, longtemps oubliés, ressurgissent et je leur prête attention.

Un soir, Papa me ramenait de l'école, assis sur le cadre de sa bicyclette, lorsque nous avons croisé un mendiant. À l'époque, il était fréquent qu'un mendiant se présente à la porte de la maison. Maman lui faisait toujours bon accueil et lui donnait de quoi manger ; souvent elle me chargeait de porter le casse-croûte qu'elle avait préparé.

Pourquoi le mendiant, aperçu alors que j'étais sur le vélo paternel, a-t-il retenu si fort mon attention ? Peut-être parce qu'il était particulièrement pitoyable, peut-être parce que la grisaille de l'hiver l'enveloppait tristement... Je me souviens très précisément que, à la vue de sa misère, j'ai désiré, décidé, en ma conscience enfantine, de dévouer ma vie, d'aller au secours, d'aider...

31

Comment ? Je ne savais pas, je ne me posais même pas la question, mais une brèche s'était ouverte en moi, une générosité allait rester en attente.

Le souvenir a semblé disparaître, j'ai passé des années sans qu'il réapparaisse en moi, mais, de temps en temps, je l'ai vu revenir, frais comme s'il était d'hier. Ce matin encore, alors que j'écris ces lignes, je suis sur le cadre du vélo, entouré par les bras de mon père qui tient le guidon, je revois l'endroit et la silhouette penchée du mendiant...

Je vais à nouveau oublier, mais l'image n'est pas loin en moi : elle a accompagné ma vie, je suis sûr qu'elle fut décisive à certaines heures de choix, elle habite efficacement mon âme. Le fait était menu : comment un instant peut-il orienter une vie ?

*

« Vocation » ? Si je cherche en moi, je me retrouve aussi dans la belle église de mon village. Pour ma sensibilité d'enfant, ce lieu était de féerie : les grandes dalles de pierre, l'ample vaisseau, les bas-côtés ombreux, le vitrail du chœur, les nervures des voûtes, les peintures, les statues, les lustres, tout était pour moi enchantement. La douceur musicale de l'harmonium, les voix des femmes et celle du chantre aveugle, l'odeur de l'encens, tout me captivait. Aucun endroit dans le village ne ressemblait à l'église, aucun n'était aussi émouvant. J'ai perçu, depuis, que tous les arts étaient rassemblés là, qu'une mémoire sacrée nous attendait dès l'entrée, que vie, naissance et mort y prenaient sens et valeur. Un autre monde s'ouvrait, transfiguré... Au loin, l'autel, les cierges allumés, la petite lampe rouge, le tabernacle annonçaient un au-delà.

Le personnage principal, unique, c'était le prêtre. On le voyait arriver dans sa soutane noire. Du banc des petits garçons, je guettais sa sortie de la sacristie. Je le regardais monter les marches de l'autel, il avait l'air profondément pris par chacun de ses gestes. Toute la cérémonie – attitudes, chants – était centrée sur lui : il en était l'acteur, le « célébrant ». Quand il était en chaire, tout le monde écoutait. Je ne comprenais pas ce qu'il disait mais j'admirais sa parole abondante et, quand il redescendait l'escalier en torsade, j'étais impressionné par la gravité de son visage.

Le vicaire me proposa de devenir prêtre. Ce n'était plus celui auquel j'avais envisagé de faire la « révélation » sur la religion. Celui-ci chantait bien, parlait bien, avait beaucoup de succès... C'était sous la treille du presbytère. Je lui dis immédiatement mon refus : je ne me voyais pas en train de prier des heures durant, le bréviaire dans les mains, et je voulais me marier ! Son prédécesseur, si modeste et si maigre, timide et souriant, peu doué pour la parole publique et pour le chant, mais d'une bonté toujours disponible, ne m'avait jamais posé la question, mais il avait laissé en moi une trace de lumière.

En acceptant plus tard de dire le bréviaire, de ne pas me marier et de devenir prêtre, ai-je voulu suivre le célébrant qui fascinait mes yeux d'enfant, celui que tous entouraient de respect et qui détenait les secrets du monde ? Ai-je voulu être l'un des guides de l'univers enchanté qu'il faisait si bon aborder dès qu'on avait franchi le portail de l'église ? Sans doute... Même si je n'en avais pas conscience lorsque je fus ordonné prêtre à vingt-trois ans, mes ferveurs et mes ambitions enfantines étaient secrètement à l'œuvre dans ma démarche. Le jour où j'ai célébré ma première messe dans l'église de mon village, lorsque je me suis avancé vers le chœur, revêtu de la chasuble dorée, par l'allée centrale, au milieu de l'assemblée, mon émotion m'a révélé soudain que le petit enfant de chœur de jadis m'avait conduit vers les marches de l'autel.

J'avais été accompagné, sans même y penser, par le curé et les vicaires, par d'autres prêtres rencontrés, par le chantre aveugle, par tant de personnes que je voyais à la messe ou aux vêpres. Eux tous avaient été les compagnons de mes chemins intérieurs, aux jours de lumière et aux jours d'obscurité.

Mais qu'était-ce donc être prêtre ? J'allais le découvrir au long de la vie. Cinquante ans après, je cherche encore et je découvre toujours. Je souris de mes émotions d'enfant, je ne suis plus séduit par les ornements sacrés, la ferveur collective autour du célébrant ne me bouleverse plus. J'ai quelque peu « relativisé », c'est-à-dire mis à leur vraie place et à leur juste importance, je l'espère, ces rôles précieux. L'essentiel est toujours plus loin, plus près. Jésus et les hommes vivants allaient dessiller sans cesse mes yeux.

*

Après la lecture ou le chant de l'Évangile en latin, monsieur le curé baisait le gros livre. Puis il enlevait la chasuble, la posait sur l'autel et repliait la partie dorsale qu'il ferait sauter prestement au-dessus de sa tête, quand il la remettrait après le sermon. Il descendait de l'autel en aube, on voyait le cordon qui la serrait à la taille en provoquant des plis irréguliers, il avait l'air un peu déshabillé. Il montait en chaire, alternait quelques prières avec l'assemblée et lisait très vite le nécrologe, la liste des défunts. Puis il prêchait.

De tant de sermons, entendus plus qu'écoutés, je n'ai rien conservé en mémoire sinon une impression de sévérité. D'ailleurs, quand notre curé descendait de chaire, son visage était rouge, congestionné.

Quand il revenait dans le chœur, nous quittions rapidement nos tabourets de part et d'autre du trône vide, pour le rejoindre au pied de l'autel, deux à droite, deux à gauche. On s'agenouillait sur le premier degré de l'autel pendant que lui montait, remettait la lourde chasuble qui tombait bien droit dans son dos et entonnait le *Credo*. Tout rentrait dans l'ordre. La messe pouvait continuer. Les deux enfants de chœur qui servaient en premier allaient présenter les burettes. Un peu plus tard, il fallait réciter la longue réponse latine à l'invitation « Orate, fratres... » pour laquelle le prêtre s'était retourné vers les fidèles avant d'achever le tour sur lui-même et de se retrouver face au tabernacle.

Un seul sermon a laissé un souvenir précis en moi. C'était en juin 1940. Des événements extraordinaires se produisaient. Un soir, à la sortie de l'école, on avait vu des voitures somptueuses. Dans le village, personne, pas même le pharmacien qui était aussi maire de la commune, n'en avait de comparable. C'étaient des réfugiés belges, des gens riches. Dans les jours qui suivirent, des soldats arrivèrent dans le village, de beaux camions avec des bâches en accordéon – comme sur les gravures du Far West – et des motos dont l'accélérateur était actionné par la rotation de la poignée droite au guidon. À certains carrefours, des soldats montaient la garde et on allait voir leurs fusils.

Les cloches sonnèrent un matin pour une messe solennelle à l'église. La petite troupe des enfants de chœur se précipita. Le spectacle était fascinant. Nous avions entendu parler par les anciens combattants de la guerre de 14-18 de colonels, de généraux, mais nous n'en avions jamais vu : ces mots gardaient en nous une résonance glorieuse. Et voilà qu'au premier rang, à gauche, près de la sainte table, à ne pas en croire nos yeux d'enfants, il y avait trois généraux, avec les fameuses étoiles sur les manches, et un colonel de chasseurs alpins, en bleu, avec une belle fourragère. À Luzech, trois généraux et un colonel !

Après l'Évangile, on vit monter en chaire un prêtre inconnu. Nous avons appris plus tard que c'était un aumônier militaire. Après le signe de la croix qui descendait sur nous du haut de la chaire, ce prêtre commença en prononçant quelques mots en latin. Suivit une longue phrase que je devais plus tard apprendre par cœur en classe de seconde : « Celui qui règne dans les cieux, et de qui relèvent les empires, à qui seul appartiennent la gloire, la majesté et l'indépendance, est aussi le seul qui se glorifie de faire la loi aux rois, et de leur donner, quand il lui plaît, de grandes et terribles leçons. » Et le verset du Psaume cité en latin, en exorde, claqua à nouveau comme un drapeau au-dessus de nos têtes : « Et nunc, reges, intelligite, erudimini qui judicatis terram ! » Suivit un sermon tonitruant où le prédicateur nous expliqua que la France, vaincue, était punie par Dieu parce qu'elle l'avait abandonné.

Je regardais de temps en temps notre curé, assis sur le trône. Il était devenu rouge, beaucoup plus que lorsqu'il descendait de chaire, le dimanche. À la fin, il était violet, cramoisi. J'avais peur qu'il éclate. De retour à la sacristie, devant nous, les enfants, il ne put se retenir et laissa tomber quelques paroles : « C'était bien la peine qu'il passe la nuit dans mon bureau pour trouver cette citation de Bossuet !... » J'ai compris plus tard sa fureur : il avait fait la Grande Guerre, il n'admettait pas cette explication de la défaite qui allait être si souvent répétée.

Que tout cela était étrange pour nos esprits d'enfants ! Mais, dès la sortie de l'église, on était repris par la fièvre de ces jours exceptionnels : les motos kaki passaient en pétaradant, on allait voir la roulante qui fumait avec d'énormes marmites où cuisaient morceaux de viande et pommes de terre, peut-être que les Allemands allaient arriver...

*

À la question sur ma « vocation », je dois encore donner une autre réponse, plus précise.

Georges, mon frère unique, à l'âge de l'entrée en sixième, avait dit à nos parents son désir d'aller au Petit Séminaire. C'était, je pense, en regardant le bon abbé Bru, le vicaire auquel on n'avait pas fait la « révélation », qu'il avait pensé à devenir prêtre. Papa, solide bon chrétien, pratiquant de chaque dimanche, avait décidé d'éprouver sa vocation : Georges partit pour Cahors où il fit la sixième et la cinquième au lycée. Comme il persistait dans sa demande, il entra ensuite au Petit Séminaire de Gourdon.

Quand il fallut envisager de me « sortir », comme on disait dans nos campagnes, pour entreprendre des études secondaires, Papa et Maman étaient très embarrassés. J'étais souvent malade, je « rendais » la nuit... Qui viendrait à mon secours dans ces moments de détresse ? Si seulement je pouvais être avec mon frère, au même dortoir, dans un lit voisin du sien. Mais il n'était pas question de vocation pour moi : j'étais le deuxième et dernier enfant de la famille.

Par l'intermédiaire d'un professeur, la question fut posée à la direction du Petit Séminaire. Accepterait-on un enfant sans vocation, pour qu'il puisse voisiner avec son frère ? La réponse fut positive.

Je nous revois, le jour de la rentrée, dans le bureau du supérieur. La pièce était dans la pénombre. Seule une lampe de bureau avec un abat-jour en opaline verte, diffusait une lumière tamisée. Papa rappela les conditions particulières de mon admission. Maman resta silencieuse. Pauvre Papa, si prudent et si judicieux, comme il a dû plus tard regretter d'avoir conduit là son dernier fils !

Même si ces pages ne se veulent pas autobiographiques, même si elles cherchent seulement à évoquer ce qu'est le voyage de ma vie avec Dieu et avec Jésus, il fallait donner cette précision. Comment ai-je eu la « vocation » ? Je réponds avec un sourire : « En rendant la nuit... » Je ne vois dans ces vomissements aucune disposition exceptionnelle de la Providence à mon égard.

*

Au Petit Séminaire, le climat était austère et la discipline stricte. Mais les professeurs, tous des prêtres, étaient proches de nous. Durant la dernière demi-heure de l'étude du soir, si on avait fini les devoirs, on pouvait aller passer un moment chez l'un ou chez l'autre. C'était une oasis presque familiale, dans le déroulement studieux de la journée.

J'avais choisi comme confesseur et directeur de conscience le professeur de littérature en première. J'aimais aller dans son bureau qui sentait le miel, car il était apiculteur. L'hiver, près de la fenêtre, il y avait des cyclamens fleuris. Sur la grande table vide, la Bible, un crucifix et un coupe-papier. En parlant du Christ, il disait « le Maître ». Parfois, il fermait les yeux et il soupirait doucement : « Mon Dieu, mon Dieu... » Il vivait avec Jésus.

Nous avions pour surveillant un jeune prêtre silencieux dont les yeux souriaient. Il avait une formule, souvent répétée : « Soyez heureux. » Il s'occupait particulièrement de nos loisirs : récréations, longues promenades du jeudi et du dimanche, veillées qu'il nous aidait à organiser à l'occasion de certaines fêtes. Je lui dois de connaître un vaste répertoire de vieilles chansons françaises. En classe de quatrième, où il enseignait l'instruction religieuse, il nous fit un cours sur la « Grâce » : ce mot mystérieux me fascinait, je ne compris pas tout, mais ce fut pour moi un éveil au monde intérieur. Sans doute, durant ces heures, nous avait-il livré le secret de son silence souriant qui le rendait si présent : quelques années plus tard, il devint moine, bénédictin. À quatre-vingt-onze ans aujourd'hui, il est toujours pour beaucoup, et pour moi, le visage discret de la Grâce.

Le supérieur, maigre et ardent, était très exigeant. On avait peur de lui. Quand il proclamait les « notes de conduite », le mercredi soir, chacun attendait avec crainte le moment où il serait nommé. Il y avait des « semaines d'effort » où il fallait observer le règlement à la perfection. Si nos performances étaient insuffisantes, il nous était reproché d'avoir « fait de la peine au Christ ».

On entendait rarement prononcer le nom de Jésus, me semble-t-il. On parlait du Christ, et ce monosyllabe était souvent prononcé d'une manière dure, tranchante. Ce Christ, mêlé à la discipline, était froid, raide. Il m'épiait. J'avais l'impression qu'il était contre la vie dont j'entrevoyais l'immensité grisante, les jeudis d'automne, quand le vent d'autan emportait la farandole des feuilles mortes et balayait mon âme enfantine. Et plus encore quand s'éveillait le printemps et que le vent de la sève fredonnait dans les hautes branches. Une image de jeune fille aperçue pendant les vacances m'accompagnait parfois pendant des mois.

Mon Dieu de l'époque était romantique. Je croyais le trouver dans les forêts, en regardant la mousse et les rochers, en m'aventurant dans les chemins creux. Il y avait bien les cours d'instruction religieuse et, en première – la classe de rhétorique –, le *Manuel d'apologétique* de Boulenger. Ce livre sans illustrations, à la typographie terne, était très ennuyeux : il voulait tout démontrer et nourrissait mes doutes.

On me présenta au concours régional d'instruction religieuse qu'organisait l'Institut catholique de Toulouse pour les élèves de première. Sujet : « Les preuves de la Résurrection du Christ ». J'avais lu, la veille, une conférence du Père Pinard de La Boullaye, célèbre prédicateur du Carême en la chaire de Notre-Dame de Paris, qui traitait précisément cette question ; je repris sa démonstration et j'emportai la médaille. Étais-je tout à fait convaincu par l'argumentation ? Peut-être, mais je n'en suis pas sûr... Je n'allais pas tarder à sentir que « les preuves fatiguent la vérité », comme dit le peintre Georges Braque.

*

Un dimanche après-midi de printemps où j'étais en vacances à la maison, je suis monté dans le petit bureau-bibliothèque du pigeonnier et j'ai lu *Ruy Blas*, de Victor Hugo. Au loin, un match de rugby faisait monter parfois une gerbe d'acclamations, au grand soleil. Très vite, l'histoire de Ruy Blas s'empara de moi. Je ne savais plus où j'étais, ou plutôt j'étais là-bas, à la cour du roi d'Espagne, où la reine était devenue amoureuse d'un laquais. Je lisais avec fièvre, la tête et le cœur bouleversés. Les cris du match étaient devenus lointains. Je sentais encore l'odeur des vieux livres autour de moi. La douceur capiteuse de l'après-midi accroissait mon ivresse. Qu'allait-il arriver le jour où la dame que j'imaginais si belle allait découvrir que son aimé n'était en réalité qu'un valet ?

Dans l'émotion romantique de ma lecture, je prêtais peu d'attention aux subtilités de l'intrigue et au jeu complexe des personnages. J'ai constaté depuis à quel point j'avais simplifié et déformé le déroulement de la pièce. Soixante ans plus tard, cette lecture orientée, erronée, me paraît très révélatrice : j'avais projeté mes attentes confuses sur Ruy Blas et la reine d'Espagne. Reste à poursuivre dans ma fiction pour en apercevoir le sens.

Quand la reine apprit qui était Ruy Blas, elle ne cessa pas de l'aimer et elle lui en donna la preuve la plus folle : elle était prête, m'a-t-il semblé, à laisser sa couronne, ses atours, ses courtisans, et à partir avec lui. Elle oubliait déjà son rang et sa puissance : elle s'était donnée, perdue... Le centre du monde n'était plus la salle du trône, son royal époux, son palais : c'était le roturier Ruy Blas.

Moi aussi, vers l'âge de dix ans, j'avais senti un jour que mon cœur s'arrachait de ma poitrine, à cause d'une petite fille dont le visage me fascinait. Un dimanche, où je la regardais de loin, après la messe, je l'avais vue se diriger vers un autre garçon et j'avais connu pour la première fois cette douleur si particulière que j'ai ressentie plusieurs fois durant ma vie en voyant s'éloigner une femme dont la beauté, la personnalité singulière, m'avaient fait un instant chavirer.

Au sortir de l'enfance, j'avais été surpris par cet échappement soudain à moi-même. Je n'avais pas pensé que d'autres pouvaient connaître ce vertige. Je ne savais pas encore que je portais en moi « la forme entière de l'humaine condition ». Sans doute m'étais-je plutôt trouvé anormal. Je n'en avais rien dit à personne. Une solitude s'était creusée en moi. Mon serrement de cœur avait glissé provisoirement dans les réserves obscures de mon inconscient.

Et voilà que la reine d'Espagne abandonnait diadème et royaume pour le pauvre Ruy Blas ! Elle aussi avait dû sentir, comme moi, que son cœur lui échappait. Je découvrais que l'amour peut happer hors de soi-même une souveraine, bien supérieure à un garçonnet de dix ans. À savoir si Dieu lui-même, qui était bien plus haut encore que la reine d'Espagne, ne pouvait pas, lui aussi, devenir fou d'amour pour notre humanité, quitter son « trône de gloire », son ciel et ses anges, pour venir vivre avec nous...

Depuis des années, je ne pouvais pas concevoir que le

Dieu Très Haut devienne un homme : un bébé, un apprenti, un artisan... L'« Incarnation », dont j'avais entendu parler à l'église et au catéchisme, me paraissait une impossibilité, un rêve. Entre le créateur du monde et le supplicié des crucifix, il y avait plus qu'un abîme... Et je venais de découvrir brutalement, en lisant *Ruy Blas*, que l'amour peut franchir l'abîme, qu'une reine peut tout quitter pour un palefrenier. Dieu aurait-il quitté sa divinité parce que son cœur lui avait échappé ?

*

À la surprise de beaucoup de mes professeurs du Petit Séminaire, j'entrai au Grand Séminaire, à Cahors. Seul de ma classe. Pourquoi ai-je suivi la filière ? Par peur de quitter un monde qui m'était devenu familier ? Par crainte de manquer de générosité ? Par désir de poursuivre la route avec des aînés que j'estimais et que j'aimais ? Je n'y vois pas clair... J'ai le sentiment d'avoir continué parce que je n'avais pas de raison décisive de bifurquer : prendre une autre voie me serait apparu comme un refus de donner ma vie. Pouvais-je dire non à ce Christ dont je portais en moi le visage sévère et les appels exigeants ? Pouvais-je me dérober à l'attente de beaucoup qui me revêtaient déjà de leur confiance et de leur admiration ? Étrange parcours où j'avais parfois l'impression de marcher à reculons, comme si je ne pouvais pas prendre un autre chemin.

Restait à faire connaissance avec Jésus. Le Jésus de

mon adolescence me surveillait : il ne dilatait pas ma vie. Dans les cours d'instruction religieuse, on avait prouvé que ses miracles étaient réels, qu'il avait accompli les prophéties, qu'il était ressuscité. On avait été si pressé d'établir sa divinité qu'on oubliait de regarder ce qu'il avait fait, la nouveauté de vie qui rayonnait de lui. Peut-être, sans doute, ai-je gardé un souvenir partiel, trop négatif...

Il m'a fallu faire un long détour – la découverte de la Bible – pour que l'image d'un Homme-Dieu dur et moralisant s'estompe et laisse apparaître les visages du Jésus des Évangiles. Longue route qui fut d'abord intellectuelle, avec la nécessaire initiation aux langues anciennes, aux travaux des exégètes, aux œuvres des philosophes et des théologiens... Les arbres me cachaient souvent la forêt, mais comment bien connaître la forêt sans avoir étudié la diversité des essences, la vie des végétaux, le terrain qui nourrit obscurément les croissances et les maturations ? Mon appétit de savoir m'aidait à traverser ces années quelque peu désertiques où j'attendais la « vie réelle ».

Elle commença vers vingt-cinq ans et me fit découvrir le ferment de l'Évangile dans l'existence. C'est avec des hommes et des femmes aux prises avec leurs responsabilités de toutes sortes que j'ai commencé de rencontrer un Jésus vivifiant. Le Jésus de mes études prit vie. Je commençai à ressentir l'inépuisable appel d'air – appel d'humanité – qu'il a créé dans l'histoire.

J'allais découvrir en lui le premier de cordée des ascensions personnelles et collectives. Je voyais, à côté de moi, des éclats d'Évangile vécu, réinventé. Le compagnonnage

avec des chrétiens – particulièrement institutrices et instituteurs publics – depuis bientôt cinquante ans a fait
pour moi de l'Évangile le livre de vie. C'est avec eux
que j'ai commencé, vitalement, de devenir prêtre. En
découvrant que je l'étais pour eux, et aussi par eux. Ils
furent, eux aussi, ma « vocation ». Ils le demeurent, avec
tant d'autres qui regardent vers moi... au-delà de moi.
Ils m'appellent à être, davantage et mieux, disciple de
Jésus, chrétien toujours en devenir, prêtre en découverte
imprévue et interminable d'une fragile mission.

Mais en entrant au Grand Séminaire, je ne savais pas
ce que serait le chemin. Je ne connaissais pas Jésus.

*

Mon professeur de philosophie avait demandé à l'évêque de Cahors de m'envoyer à Paris pour y faire mes
études de théologie. En octobre 1947, avec ma valise en
carton, je pris le train pour la capitale. Avide de découvertes. Je me présentai au Séminaire de l'Institut catholique le jour de la rentrée. Ce n'étaient plus les larges
couloirs et les hauts plafonds du Grand Séminaire de
Cahors, le décor fantaisiste des collines, le ciel bleu léger
du Quercy. Les couloirs étroits à la voûte basse me don-
nèrent une impression de quiétude studieuse. Après
avoir rendu visite au supérieur et à l'économe, je décou-
vris ma petite chambre où il y avait tout juste la place
d'un lit et d'une table étroite. La fenêtre s'ouvrait sur un
jardin intérieur que je trouvai tristounet, cerné par les

murs gris de l'arrière des maisons. Un carré de ciel sale, au-dessus des arbres dénudés. Le travail fut mon recours. Que de fois, au cours de ces années d'études un peu monotones, j'éloignai ma tristesse, au retour du pays, en me plongeant dans ma grammaire hébraïque !

Méditation matinale, messe, prières avant et après les repas, l'atmosphère était très religieuse. Elle prolongeait celle que j'avais déjà connue. Les études étaient prenantes. Je suivais un cours d'apologétique dont le professeur était un homme au regard joyeux sous de larges sourcils ; il enseignait avec clarté ; j'étais sensible à ses démonstrations, mais médiocrement convaincu. Un autre cours, sur l'Église, était ennuyeux. Mais ces deux professeurs étaient des hommes très cultivés et, auprès d'eux, nous pouvions acquérir beaucoup de connaissances : les domaines de leur enseignement nous devenaient pour toujours familiers.

Le premier cours d'Ancien Testament avait commencé en hébreu. D'une voix un peu aigrelette, le professeur au visage émacié et à la maigre silhouette avait prononcé : « *Chir ha chirim.* » C'étaient les premiers mots du Cantique des cantiques. Avec lui, nous étions plongés immédiatement dans la recherche, comme si nous avions déjà une sérieuse initiation biblique. Restait à se mettre au travail. Je commençai l'étude de l'hébreu et du grec biblique. Ce premier contact avec la Bible m'ouvrait soudain des perspectives neuves : le Cantique des cantiques était un poème d'amour. Je n'avais pas oublié *Ruy Blas...*

Au terme du premier trimestre, j'avais vécu des moments de liturgie solennelle. Durant l'après-midi de

Noël, pendant les vêpres à Notre-Dame de Paris, nous avancions vers le chœur de l'ineffable cathédrale, enveloppés des lourdes chapes en fil d'or offertes par Napoléon III, pendant que le grand orgue nous émouvait jusqu'aux entrailles. L'énorme lustre, à la croisée du transept, tournait lentement sur lui-même. Les voix enfantines de la maîtrise chantaient le verset à Marie qui ressurgit souvent en ma mémoire depuis plus de cinquante ans : « Quia quem caeli capere non poterant, tuo gremio contulisti... (Car celui que les cieux ne pouvaient pas contenir, tu l'as porté dans ton sein...) » J'étais broyé de beauté et l'émotion d'alors se ranime en moi quand je me surprends à chanter, seul, ces vers inoubliables.

Cette première année s'écoula, un peu terne. J'avais ouvert la Bible. Je la mis dans mon petit bagage, en octobre suivant : au lieu de revenir au Séminaire, je partais faire mon service militaire à Mont-Louis dans les Pyrénées-Orientales, comme parachutiste.

*

Ce soir-là, quinze jours après l'arrivée au bataillon, les nouvelles recrues – les « bleus » – ont pu sortir de la citadelle vers dix-huit heures et descendre au village. Je suis entré dans l'église, par la porte basse. Puis je suis allé voir le curé. Il habitait dans l'immeuble de la mairie.

J'ai frappé avec le heurtoir, j'ai entendu un loquet, la porte s'est ouverte. Le prêtre était devant moi, très maigre dans sa soutane. Sa tête penchait un peu. Les cheveux, noirs, étaient jeunes. Une mèche tombait sur le front. Son visage était sans expression, il avait l'air exténué. J'ai su plus tard qu'il était revenu de captivité en train sanitaire, très malade, et qu'il se remettait lentement, grâce aux soins quotidiens de sa vieille mère. Faiblesse, timidité, les deux peut-être ? Il parlait peu et me regardait à peine. Je ne me souviens plus des premiers mots, timides, peu engageants, que j'avais du mal à comprendre. Il m'a fait de la main un signe pour m'inviter à entrer.

Dans la cuisine au plafond bas, je me suis trouvé pris dans le regard de sa mère : de grands yeux humides, accueillants, pénétrants, un visage ridé sous le petit fichu noir, un sourire naissant. Lucidité et bonté. On s'est assis.

Il m'a fait parler. Il regardait par terre. La cigarette achevait de se délabrer au coin des lèvres. Quand je lui ai dit que j'étais au Séminaire de l'Institut catholique à Paris, j'ai vu une lueur de curiosité dans ses yeux bleus. Il m'a posé quelques questions sur les professeurs, sur leur enseignement. Il n'a pas dit qu'il avait fait lui-même des études à l'Institut catholique de Toulouse, qu'il avait failli être professeur de Grand Séminaire et qu'il n'avait jamais cessé de travailler intellectuellement.

Il m'a offert un fond de verre de vin rancio. Le décor était très pauvre. Je pensai au *Journal d'un curé de campagne* de Bernanos... J'ai bientôt repris le raidillon vers les remparts édifiés par Vauban. En face, les crêtes légèrement enneigées ciselaient le ciel au clair de lune. Qui avais-je rencontré ?

Je l'ai revu à la messe le dimanche suivant. Toujours

la tête penchée à droite, comme un Christ en croix. Il marmonnait le latin. On sentait qu'il avait la gorge serrée. L'assemblée chantait la « messe des anges »... Le baldaquin à colonnes, les statues dorées, les lustres bas entouraient cet homme qui semblait si fragile et qui retenait si fort mon attention.

Je suis revenu le voir souvent. Il a fallu des mois pour que la conversation s'étoffe. Je découvrais peu à peu qu'il était très cultivé, au courant des recherches les plus récentes, qu'il lisait jour et nuit. Quand je suis entré dans sa chambre-bureau, j'ai vu des centaines de livres rangés dans des cageots qui lui servaient de bibliothèque. Des odeurs de vieux bois, de papier, de tabac, imprégnaient la pièce.

Quand nous parlions des travaux des exégètes, j'étais impressionné par l'acuité de ses analyses critiques. Il décelait immédiatement les points faibles. En toute conversation, d'ailleurs, ses reparties débusquaient les facilités ou les conformismes. Il prenait volontiers la position opposée à celle de son interlocuteur – jusqu'au paradoxe – pour forcer à réfléchir, à approfondir.

Un jour, il m'a surpris en murmurant : « Le courage intellectuel est le courage le plus rare. » Cette phrase m'a pénétré comme un aiguillon. J'en reçois toujours l'exigence stimulante. Mais il ne manquait pas non plus de courage tout court. Il en avait fait preuve durant les années en Allemagne. Je ne l'ai appris que plus tard : sa liberté de parole lui avait valu de passer des mois dans un cachot où il ne pouvait ni se lever ni se coucher. Il en était ressorti physiquement brisé, mais plus fort que jamais au profond de son être. Quand il me l'a dit, sans beaucoup de mots, j'ai revu sa silhouette accablée, le soir de notre première rencontre, et le feu de son regard qu'il semblait dissimuler.

Comment pouvait-il faire de longues marches dans ce pays d'altitude où il était né ? Une forte énergie l'habitait. Le courage physique et le courage intellectuel n'étaient en lui qu'un seul courage.

C'est l'homme le plus libre que j'aie rencontré dans ma vie. Il se moquait des faux-semblants, il se dressait contre tout abus d'autorité, fût-elle ecclésiastique. Après avoir connu l'extrême dénuement, il était homme de l'essentiel. En montagnard alerte, il aimait dire : « L'ennemi de l'homme, c'est le poids. » Argent, vie matérielle n'existaient guère pour lui. Il désespérait les parents et les amis qui voulaient améliorer sa tenue vestimentaire.

Il était homme d'intelligence agile, d'altitude. Un isard. La lumière de sa fenêtre, à Mont-Louis, restait allumée longtemps dans la nuit : il lisait, il annotait sans relâche... Pour quoi, pour qui ? Parce qu'il était de la race des chercheurs de vérité.

Pendant quarante ans, j'allai chaque été passer quelques jours auprès de lui. Nous parlions peu. Il était très réservé. J'ai appris très tard qu'il m'attendait, chaque année, et que les voisins le voyaient tout joyeux au matin du jour où j'arrivais.

Pourquoi l'évoquer, d'une manière maladroite qui ne me satisfait pas, en me remémorant mon voyage avec Jésus ? Comment dire ce que j'ai reçu, ce que je reçois de Joseph Christopheul que je retrouve en moi chaque jour ? Aucune parole ne surgit, le silence m'emplit comme en ces moments où nous étions l'un près de l'autre, sans un mot. Je peux cependant écrire que, depuis notre rencontre, j'ai souvent pensé à lui, en regardant vers Jésus. Il lui avait donné visage, pour moi. Je recevais de lui des éclats d'Évangile...

*

J'ai lu la Bible, tout entière, quand j'ai fait mon régiment, comme on disait alors. Dans la citadelle posée par Vauban face à l'Espagne, comme un énorme verrou, au lieu où convergent Capcir, Cerdagne et Conflent. Sous la voûte recueillie de la salle où j'assurais le secrétariat de l'infirmerie, durant les longues heures du silence hivernal, je lisais la Bible. Dans le vaste paysage de cimes, de neige, de soleil, un jeune homme là-bas, derrière les murailles dressées à cause des violences humaines, reprenait, sans guère s'en rendre compte, le chemin trois fois millénaire. Combien de femmes, d'hommes, aujourd'hui encore, entreprennent l'itinéraire ?

La Bible... Ces syllabes chantaient en moi depuis des années. Chez mon professeur de français en première, j'avais vu la reliure rose pâle. Le livre était souvent sur sa table. Un jour, il l'avait ouvert devant moi. Le papier était fin et souple, c'était écrit petit sur deux colonnes, j'avais le sentiment qu'un trésor de secrets était là et je restais fasciné. Jamais je n'avais osé le prendre dans mes mains.

Pendant l'année passée à l'Institut catholique de Paris,

j'avais commencé à étudier l'hébreu, mais j'en étais à la grammaire. La Bible était encore inconnue pour moi.

Quelques pansements, les piqûres d'incorporation pour les nouvelles recrues, la tenue des gros registres... Dès le début de l'après-midi, je retrouvai mon désert paisible. J'avais une bible de format moyen, une édition protestante très répandue, la traduction de Segond, sans notes. Je ne sais plus qui me l'avait donnée, je ne sais plus à qui je l'ai donnée. Le Livre est plus important que ses détenteurs éphémères. J'aime à penser qu'elle continue – qui sait où ? – à offrir à d'autres ses horizons sans fin. Sous la reliure recouverte d'une étoffe défraîchie...

Étrange hiver. Il fallait bien, de temps en temps, faire une partie de belote avec les camarades, donner des soins d'urgence à quelque éclopé, repousser une attaque des cuistots qui désertaient la cuisine proche pour monter à l'assaut de l'infirmerie avec des gamelles d'eau glaciale avant de nous inviter à des collations pantagruéliques... En réalité, je n'étais pas là, j'étais dans le livre qui m'attendait sur le bureau : dès que je revenais dans la pièce aux formes douces, une paix majeure se levait en moi.

Pourtant, au long des heures, des jours et des semaines, il fallait en voir de toutes les couleurs. Les premières pages avaient fait émerger le monde du chaos initial : immense aurore de beauté et d'harmonie. Mais, bien vite, il y avait eu cette affaire de serpent, de fruit, Adam et Ève avaient été chassés du Paradis. Puis le meurtre d'Abel par Caïn. Et l'histoire s'était ébranlée : c'était bien l'histoire des hommes avec ses instants de bonheur et de ferveur, ses brutalités, ses mesquineries, la souffrance, la violence, l'amour, la mort. Dieu était mêlé aux combats et aux ruses. Il ordonnait parfois d'exterminer la population de toute une ville. Il avait des visages variés : jalousie, justice, tendresse, on trouvait tout en lui. N'était-il pas « humain, trop humain » ? Était-il vraiment cet être dur, versatile, sanguinaire, ou des hommes lui avaient-ils donné ces traits changeants ? J'osais à peine me poser ces questions abruptes et je continuais d'accompagner les tribus, à chercher des pâturages, à dresser ici et là un autel. J'aimais retrouver souvent le ciel d'Orient ensemencé d'étoiles sans nombre...

En cours de route, que d'aridités : des généalogies, des ensembles législatifs dont je ne voyais guère alors l'intérêt historique, des prescriptions rituelles tatillonnes et étranges. Heureusement il y avait eu l'histoire de Moïse, l'affrontement avec le Pharaon, la traversée de la mer Rouge, l'aventure du désert... et des rencontres éblouies : le buisson ardent, le Sinaï. Enfin, après quelques empoignades avec des petits peuples aux noms bizarres, on était arrivé en vue de la Terre promise : le dernier regard de Moïse. Puis la conquête, les risques de perdre la foi des pères en se mêlant aux populations étrangères, les conséquences imprévisibles de la sédentarisation. On était douze tribus, on prenait des décisions « politiques » dans de vastes rencontres. Quand le danger menaçait, Dieu, disait-on, suscitait un sauveur musclé, Samson par exemple. Face à la menace des philistins, on avait voulu se donner l'organisation des autres peuples : un roi et toutes les structures administratives et militaires qui vont avec. Tout ceci malgré la résistance de certains porte-parole de Dieu qu'on appelait les prophètes. Eux disaient qu'Israël n'avait pour roi que Dieu !

Il neigeait à la fenêtre. Personne dans la cour de la citadelle. Le désert des Tartares. Pour moi, le temps n'était pas arrêté. Ma marche s'accélérait au long des livres bibliques que l'on appelle « historiques ». Les rois apparaissaient et disparaissaient en quelques lignes : juste le temps de « faire ce qui est mal aux yeux de l'Éternel » et on les « couchait avec leurs pères ». Enfin les horreurs finales avec les Assyriens et les Babyloniens : la prise de Jérusalem, le pillage, les atrocités, la déportation... Puis on revenait après cinquante ans d'exil, on reprenait le culte au Temple, Esdras et Néhémie reconstruisaient la nation, les aventures de Tobie, Judith et Esther nous édifiaient et il fallait encore reprendre les armes contre les étrangers avec les frères Macchabées. De nouveau le sang, la haine, l'héroïsme et la mort.

Une permission de quarante-huit heures, un dimanche à la maison, le train qui remontait la vallée de l'Ariège vers le cœur des montagnes, et je retrouvais les voûtes du dix-septième siècle qui pouvaient résister indéfiniment à l'artillerie de l'époque, sous les étages supérieurs écroulés. J'ouvrais à nouveau ma bible. J'en étais rendu aux « livres poétiques et sapientiaux » : le titre de cette section m'enchantait. Immédiatement les protestations, parfois blasphématoires, de Job, mais j'étais plus sensible à leur poésie qu'à leur âpreté, et j'écoutais « les astres du ciel chanter en chœur » pendant que Dieu « posait les fondements de la terre ». Ensuite les Psaumes, ardent cœur à cœur avec l'Invisible. Puis les Proverbes, l'Ecclésiaste, la Sagesse, où se mêlaient fines observations, conseils pratiques, coups de sonde dans la condition humaine, réalisme, pessimisme, espérance. Au passage, une oasis d'amour printanier : le Cantique des cantiques. Je revivais mon premier contact avec la Bible et l'hébreu, sous les toits de l'Institut catholique de Paris, quand le professeur avait commencé son cours par les premiers mots du poème : « Chir ha chirim », chant des chants, le plus beau des chants. Il nous avait fait écouter, au long de ces strophes ardentes, l'échange amoureux de Dieu avec son peuple. Fantastique : était-ce possible que la « Parole de Dieu » prenne des accents érotiques ? Je pensais à ma rencontre avec Ruy Blas et la reine d'Espagne...

Maintenant on entrait dans les « livres prophétiques » : Isaïe, Jérémie, Ézéchiel, et les autres. De nouveau, les bruits et les fureurs qui retentissaient dans les livres historiques, mais, cette fois, je voyais les prophètes, ces « haut-parleurs » de Dieu, dire leur fait aux rois, aux prêtres, à tout un peuple. Ils protestaient contre toutes les idolâtries, celles des faux dieux, du pouvoir, de l'argent. Ils menaçaient, ils annonçaient ruine et châtiment. Et quand la catastrophe était là, ils ranimaient l'espérance. Les souffrances des pauvres, les pratiques du commerce, l'usure, le luxe des riches, les tractations des politiques, tout était observé par ces hommes qui prêtaient à Dieu leur bouche : « Ainsi parle l'Éternel ! » Il y avait, au long de leurs poèmes-oracles, des phrases obscures ou rebutantes, mais plus encore des fulgurances qui déchiraient toute obscurité humaine. Quels hommes ! J'avais le sentiment que leurs cris contre l'injustice, leurs protestations contre les cérémonies d'un culte qui ne change pas les cœurs, étaient pour aujourd'hui. Dieu, dans leurs yeux lucides, surgissait toujours de l'avenir, en pleine fermentation de vie collective... Avec eux, je traversais le feu.

Vint enfin la belle et bonne Nouvelle, tant attendue, inespérée, la lumière unique des Évangiles, le regard aimant et vif de Jésus, une ambition inouïe sur l'humanité. Je voyais l'humble présence de Dieu dans le prophète crucifié qui fécondait à jamais l'histoire.

Quand les narcisses dévalèrent les pentes de la montagne, j'en étais aux lettres de Paul, aux échos des premières communautés chrétiennes, à l'attente brûlante de l'Apocalypse. J'arrivais à la dernière page, mais le Livre restait définitivement ouvert pour moi.

Relirais-je jamais la Bible de la première à la dernière ligne ? Sans doute que non. Mais au long des études et de mon existence, j'allais continuer l'inépuisable découverte. J'avais appris déjà que l'ordre des textes dans le gros livre n'est pas chronologique et que la Bible est une bibliothèque dont les livres aux genres littéraires variés, parfois très éloignés de nous, s'échelonnent sur plusieurs siècles. Une sorte de bibliothèque nationale d'un peuple, sa mémoire vive, la sève de sa marche.

Je sais aujourd'hui que cette mémoire et cette parole sont sans cesse mieux connues. Elles portent des semences d'avenir pour toute l'humanité. Et des pressentiments de l'ultime rencontre. Notre professeur à l'Institut catholique enseignait avec rigueur sans jamais quitter les exigences de la science des textes – ni faire état de ses convictions religieuses intimes. Mais il était prêtre aussi et, quand il parlait de la Bible à la chapelle, il nous invitait à murmurer devant le Livre les paroles que l'on chantait devant le Saint Sacrement : « Adorote devote, latens Deitas... (Je t'adore de tout mon cœur, Divinité cachée...) »

*

Un dimanche après-midi, je suis parti vers un petit village que j'avais aperçu au loin, en me promenant sur les remparts de la citadelle. Je ne savais pas que je reprendrais ce chemin durant quarante-cinq ans. En approchant, je voyais les maisons, pressées les unes contre les autres, qui semblaient monter vers l'église tout en haut du rocher. Au sommet du raidillon, je m'étais arrêté devant le vaste décor des crêtes légères, au loin. J'étais entré. La porte était ouverte. En ce temps-là, vers 1948, on ne volait pas dans les églises.

Il avait les yeux grands ouverts. Un visage habité. Il semblait vivant. Je fus pris dans son regard intense. Malgré ses mains clouées, il était serein, interrogateur. Revêtu de la robe impériale. J'avais toujours vu, sur les croix, des Christs douloureux ou morts. J'ignorais qu'en Orient on les représente glorieux. Je n'avais pas encore appris qu'en Occident le Christ en croix ne ferme les yeux que vers la fin du onzième siècle. Je ne connaissais pas ces Christs modestement souverains qu'on appelle en Catalogne les « Majestés ».

Je suis reparti vers la citadelle austère, mais j'ai bientôt repris la route qui courait, légère, entre les prés, vers

l'église à l'ombre douce. J'y suis allé par toutes les couleurs de l'année et de l'âme. Un jour – je ne sais plus
quand ni comment – je me suis mis à tourner autour
du Christ et j'ai vu l'expression de son visage changer.
De profil, à droite, il était d'une gravité aiguë, mais à
gauche, en le regardant d'en bas, j'apercevais l'amorce
d'un sourire. Entre les deux, une palette inépuisable
d'attitudes intérieures transparaissait, si proches, si
humaines...

Je suis revenu souvent près de lui, dans mon uniforme
militaire. Son silence pénétrait en moi. Auprès de lui, je
n'avais pas d'autre prière que d'accueillir ses visages et sa
paix... J'ai été lui dire au revoir, avant de repartir vers
les plaines et le Séminaire.

Que de fois, depuis, j'ai poussé la lourde porte vers
lui ! Ce fut, durant des décennies, mon pèlerinage. Et
chaque jour, où que je sois, je le retrouve en moi...

*

J'ai traversé les trois années de théologie qui suivirent
mon retour du service militaire, sans vraiment prendre
de distance par rapport à l'enseignement. J'apprenais,
j'assimilais... J'avais un sentiment d'étrangeté, parfois,
mais j'admirais la culture et l'intelligence des professeurs
et de certains de mes compagnons qui me paraissaient
beaucoup plus doués que moi. Aucune objection grave
n'était formulée. Tous semblaient à l'aise. Comment
aurais-je pu émettre des doutes et m'aventurer seul dans

des mises en question ? Quand j'éprouvais des difficultés à entrer dans certaines argumentations, je les attribuais à ma lourdeur intellectuelle. Plutôt que de suspecter ces spéculations, j'accusais la faiblesse de mon intelligence. J'employais mon énergie à engranger dans ma mémoire ce qui demeurait obscur pour moi. Ce travail m'accaparait : je préparais les examens. Je ne disposais pas de l'espace intérieur qui m'aurait offert assez de recul pour adopter une attitude critique : j'écartais sans m'y arrêter les questions troublantes qui me visitaient de temps en temps.

Je ne fréquentais guère les œuvres des penseurs qui bousculaient les traditions chrétiennes. Je n'étais pas encore au contact fréquent des questions de celles et de ceux qui sont loin de l'Église ou qui la combattent. Les drames de la vie m'atteignaient sans me donner de vertige. Le petit incroyant qui s'interrogeait pendant les vêpres, sur les bancs de l'église de Luzech, était comme anesthésié dans ce monde d'étude et de piété où tout semblait cohérent et harmonieux. L'enfant dubitatif se réveillait parfois, mais comment aurais-je pu m'éloigner de ceux qui m'entouraient, parmi lesquels je côtoyais de joyeux amis ? Ai-je jamais pensé qu'eux aussi connaissaient peut-être les interrogations furtives, inavouables, qui me visitaient ?

J'avais mon refuge apaisant dans les domaines où on mettait en œuvre des méthodes précises, qui me paraissaient « scientifiques » : l'histoire, l'exégèse, la connaissance des langues anciennes. L'étude de l'hébreu rythmait mes journées : je profitais même des quelques minutes de liberté qui séparaient deux activités pour revoir telle conjugaison hébraïque. Des travaux qui m'occupaient durant des semaines, pour élucider par exemple la signification d'un texte obscur, m'apportaient une vraie joie intellectuelle. L'attrait de la recherche, la satisfaction de quelque modeste découverte, l'acquisition progressive des méthodes et des savoirs, suffisaient à accompagner les lentes journées laborieuses, les semaines du long hiver durant lesquelles le soleil de mon Quercy natal me manquait.

Que se passait-il en ma pénombre intérieure, là où l'on cherche en tâtonnant le chemin de sa vie ? J'attendais – de loin – que commence la vie réelle. Sans impatience. J'avançais, de trimestre en trimestre, d'année en année. Le travail intellectuel régulier, quotidien, que je poursuivais même durant les vacances, était le tissu solide de ma jeunesse studieuse.

Aujourd'hui, ces années me laissent une impression d'irréalité. Mais n'en est-il pas de même pour beaucoup des étapes révolues de l'existence ? J'ai constaté aussi depuis longtemps qu'elles furent fertiles. J'avais appris à travailler, j'avais eu la chance de recevoir des initiations que j'allais pouvoir continuer et approfondir. Les visages de la plupart de mes professeurs, le sérieux et l'honnêteté de leur démarche, m'ont accompagné et stimulé jusqu'à ce jour. Je garde pour eux une estime teintée d'affection. Ils m'ont aidé à prendre un jour mon indépendance par rapport à leur enseignement.

Qu'était Jésus pour moi en cette saison « intellectuelle » monotone ? Je priais. J'aimais les belles liturgies, où on le célébrait. Une fois diacre, j'avais à transporter, le soir, après complies, le ciboire, du tabernacle de l'église jusqu'au coffre-fort de la sacristie. Quand c'était mon tour, je remplissais cet office avec une dévotion quelque peu sentimentale. Jésus m'appelait toujours à donner généreusement ma vie. Comment ? Quel serait l'avenir ? J'étais dans une disponibilité... abstraite.

Que de sentiments mêlés, refoulés, apprivoisés, disciplinés, dans une demi-inconscience ! Comment discerner, longtemps après, les constructions intérieures qui s'ébauchaient, les amorces de conduites futures ? Malgré les analyses et les interprétations auxquelles je peux me livrer, l'obscurité demeure. Celle d'une préhistoire ?

*

Depuis la station de métro Luxembourg, j'ai descendu le boulevard Saint-Michel. Je me suis arrêté devant la vitrine de la librairie des Presses universitaires de France, toute garnie d'ouvrages de philosophie : quelle fringale en moi de lire ces livres ! J'ai traversé la petite place que préside Auguste Comte, j'ai pris la rue de la Sorbonne, à gauche, et je suis arrivé devant le porche qui ouvre sur la cour intérieure. Je me souviens de mon émotion en franchissant ce seuil. Ce n'était pas seulement un seuil matériel, l'entrée dans le bâtiment austère. C'était un seuil intellectuel et spirituel, l'accès à un nouvel univers de pensée.

Je n'avais pas encore achevé mes études de théologie, à l'Institut catholique, mais le goût de la philosophie s'était réveillé en moi, irrésistible. J'avais vu la possibilité de me faire inscrire, de passer des examens, et, sans rien dire à personne, j'avais commencé de préparer la licence de philosophie.

J'allais découvrir la complexité du psychisme et des conduites, en suivant pendant deux ans des cours de psychologie qui étaient une initiation à la psychanalyse. Je rencontrais avec bonheur la diversité des positions et la finesse des analyses en « morale et sociologie ». En « philosophie générale » et « histoire de la philosophie », on revivait les efforts, les tâtonnements, les avancées de la pensée depuis la Grèce antique jusqu'à nos jours. On réfléchissait avec Platon, Descartes, Hegel, Bergson, Heidegger... En allant de l'un à l'autre, en des paysages intellectuels changeants, on éprouvait – j'éprouvais – une griserie légère de l'esprit. Une respiration d'altitude me soulevait. L'immensité du réel à découvrir, à interpréter, déchirait mes horizons intérieurs : je voyais de grandes avenues du savoir, j'apercevais de loin les brumes de l'inconnu ou de l'inexprimable. Le désir de chercher et d'avancer coexistait avec un certain vertige. On n'engrangeait guère des certitudes, on partait sans cesse à la découverte.

Je revois la silhouette fragile de Jean Wahl derrière le bureau, son visage attentif et bienveillant lorsqu'il écoutait la question d'un étudiant. Il était philosophe, mais aussi poète et sensible aux révélations muettes des œuvres des peintres contemporains. J'ai toujours son gros *Traité de métaphysique*, lu intégralement, souligné et annoté à chaque page, un prodigieux voyage à travers les siècles, depuis les premiers poètes et penseurs grecs jusqu'aux défricheurs contemporains de l'infinie connaissance. À la sortie de certains cours, je ne touchais pas terre...

Je me souviens aussi d'un cours de Jean Hyppolite, le traducteur de Hegel. Le grand amphi sentait le vieux bois et le renfermé. Nous étions des centaines, assis sur les bancs, perchés sur les rebords des fenêtres, accroupis sur les marches des gradins. En bas, debout derrière le large bureau de la tribune, Jean Hyppolite exposait, expliquait, le mythe de la caverne, chez Platon. Je revois son visage assez large, sa forte carrure. Rien de la silhouette émaciée que l'on prête parfois à l'« intellectuel ». On l'écoutait dans un silence religieux. Personne ne bougeait. Une atmosphère d'approche du sacré... Nous étions avec lui dans la caverne, nous étions dans nos cavernes intérieures, nous cherchions les réalités du monde par-delà les apparences... J'entends encore la profondeur du silence. Cette heure d'attention fervente est toujours vivante en moi, j'aime l'évoquer, elle peut toujours ranimer mon attention à la profondeur du réel.

Parmi les souvenirs vivifiants de ces années en Sorbonne, il y a les moments de rencontre personnelle avec les professeurs, lors des oraux des examens. Les dix minutes ou le quart d'heure passés dans le regard de ces personnages admirés et vénérés se sont prolongés en moi jusqu'à ce jour. Les yeux bleus de Gaston Bachelard sont inoubliables, et sa question posée à brûle-pourpoint résonne encore en moi : « Qu'est-ce que le hasard ? » Dans un petit bureau, Ferdinand Alquié me demanda de lui exposer les voies de saint Thomas vers l'affirmation de l'existence de Dieu. Quand j'eus terminé, il s'adressa à moi sur un ton personnel : « C'est bien... Et vous, qu'est-ce que vous en pensez ? » Le docteur Lagache, président de la Société française de psychanalyse, avait ouvert son cours en nous disant : « En commençant l'étude de la psychanalyse, dites-vous que vous allez faire une expérience cruelle... » En passant devant Henri Gouhier, devant Vladimir Jankélévitch, j'admirais ces visages transfigurés de l'intérieur par de longues années de recherche, de réflexion, d'interrogation permanente. Je ressentais leur rayonnement, et j'éprouvais, à ma modeste mesure, le désir de les imiter.

Dans la foule étudiante, j'étais seul à porter soutane.

*

Ce matin froid de décembre, je me présentai à la visite médicale des étudiants. Je passai, torse nu, derrière l'écran de l'appareil de radioscopie. Le médecin poussa, dans l'ombre, une légère exclamation : il venait de voir une tache en haut de mon poumon droit, un « infiltrat apical ». Au terme d'une autre visite, à Cahors, durant les vacances de Noël, le médecin me prescrivit de rester couché pendant un mois. La prescription fut renouvelée, fin janvier, et jusqu'en juin.

J'étais dans la petite chambre solitaire où j'écris ce matin encore. C'était l'hiver. Je vivais dans la douce affection quotidienne de mes parents. Mon frère arrivait le samedi, plein de santé et d'événements à raconter. Pendant la semaine, dans la vieille maison isolée, les heures s'écoulaient silencieusement. Après deux jours, j'étais habitué à cette vie recluse.

Je ne sais plus comment m'est parvenu un petit livre : *Récits d'un pèlerin russe*. Ce pèlerin avait entendu, un jour, dans une église, la parole de saint Paul : « Priez sans cesse... », et il interrogeait popes et moines pour découvrir le secret de la prière perpétuelle. Il rencontra enfin, dans une forêt, un ermite qui lui apprit une formule : « Jésus-Christ, Fils de Dieu, Sauveur aie pitié de nous, pêcheurs. » Il fallait accorder l'invocation à la respiration : la première partie accompagnait l'inspiration, et la seconde l'expiration. Jusqu'à ce que l'invocation et la respiration soient définitivement tressées. La tradition spirituelle russe appelle cette respiration priante la « prière de Jésus ».

Dans la paix compacte d'une longue matinée, l'hiver à la fenêtre, j'essayai de marier cette prière à ma respiration lente. Durant quelques heures, je m'y appliquai consciemment. Dès le lendemain, je me suis aperçu que ça « marchait ». Je priais en respirant. Petit à petit, j'avais cessé tout effort d'attention, et la prière continuait : je priais comme je respirais. Une paix majeure s'établissait en moi. Je continuais à lire Descartes – je préparais le dernier certificat de licence, « Histoire de la philosophie » – mais quand je levais les yeux, je retrouvais le refrain discret. Cette prière était-elle permanente, dans les marges proches du subconscient, alors que la correspondance de Descartes retenait toute mon attention, ou surgissait-elle dès que mon champ de conscience devenait disponible ? Je ne saurais le dire.

C'était un commencement. Durant des décennies,

lorsque je me réveillais, la nuit, lorsque je disposais d'un temps vide, dans le métro par exemple, l'invocation en inspir et expir réapparaissait en moi. Je contribuais aussi, consciemment, à la vivifier. Il y a vingt-cinq ans environ, j'ai raccourci la formule et j'y ai introduit une variante, sans doute parce que j'ai le souffle plus court. Sur l'inspiration, je dis seulement : « Jésus », et sur l'expiration : « Merci » ou « Pitié », selon ma météorologie intérieure.

Cette prière, à l'instant où je m'endors et lorsque je me réveille, m'accompagne jusqu'à ce jour. L'étude, les événements, les rencontres ont pu modifier mon regard sur Jésus : j'ai toujours continué, avec de rares interruptions peut-être, à respirer en lui. Je viens d'écrire « en lui ». Ne faudrait-il pas écrire « vers lui », ou « de lui » ? Je choisis toutes ces expressions : aucune n'épuise cette respiration de corps et d'âme.

*

À l'automne, ma vie prit une orientation imprévue. Mon professeur d'exégèse de l'Ancien Testament m'avait obtenu une bourse de l'Académie des inscriptions et belles-lettres pour aller continuer mes études bibliques à Jérusalem. Il n'en était plus question après cet accroc de santé. Mon évêque, de son côté, me proposait d'aller étudier à Rome, mais le climat y était déconseillé aux anciens malades pulmonaires. Il me laissa prendre la décision et je lui dis ma préférence : rester dans mon Quercy natal. Une institutrice et un instituteur publics, chrétiens, étaient venus me voir le jour même pour me demander si j'accepterais de participer à des rencontres avec quelques-uns de leurs collègues, pour réfléchir sur l'Évangile. Je fis part de cette proposition à mon évêque, qui me donna le feu vert : « Vous verrez bien. » Je ne savais pas, lui non plus, que je venais de franchir l'un des aiguillages les plus importants de mon existence.

À la première réunion, à Cahors, nous étions quatre : ce fut une journée amicale qui nous a tout de suite unis. Dans les mois qui suivirent, nous avons proposé à d'autres enseignants laïques de nous rejoindre et la petite équipe s'est progressivement étoffée.

Après quelques réunions, je fus mis contact avec les Équipes enseignantes. J'ignorais jusqu'alors leur existence. J'appris qu'il existait à travers la France quelque sept cents petits groupes comme le nôtre. Plusieurs milliers d'institutrices et d'instituteurs laïques se réunissaient, une fois pas mois environ, pour étudier l'Évangile, pour échanger sur leur vie, leurs responsabilités, les enjeux de l'école. La réflexion, très positive, sur la laïcité, était souvent approfondie. La célébration de l'eucharistie, autour d'une table, dans une grande simplicité, concluait la rencontre dans la prière, les chants, le silence... et le bonheur d'être ensemble, réunis par Jésus.

Je me demande parfois qui serait Jésus pour moi, si j'étais devenu un professeur d'exégèse biblique. Je ne le sais pas, mais il est probable qu'il n'aurait pas eu tout à fait le visage qu'il a pris pour moi en partageant la recherche, la sensibilité et les responsabilités des chrétiens de l'école laïque.

*

En août 1955, je fus invité à une session de responsables des Équipes aux Tilleuls, près de Montréjeau.
À travers les fenêtres, on apercevait, toutes proches,
les lourdes pentes des Pyrénées. Dans une grande salle,
soixante ou quatre-vingts institutrices et instituteurs
poursuivaient un débat paisible. Quel en était le thème ?
Des problèmes d'enseignement ? Leur situation de chrétiens dans l'école laïque, de laïcs dans l'Église ? Je ne sais
plus. Moi qui avais connu successivement trois enseignants à l'école primaire de mon village, je n'avais jamais
vu autant d'instituteurs ensemble, femmes et hommes,
dans une ambiance joyeuse et amicale.

Quand la séance de travail toucha à sa fin, tout le
monde se leva et celui qui avait animé le débat
commença à prier. Il ne récitait pas de prières, il parlait
à Jésus, très simplement, comme pour l'associer au
débat. Après lui, d'autres personnes s'exprimèrent à leur
tour, timidement parfois : elles parlaient à quelqu'un.

Je n'avais jamais vu un homme improviser ainsi sa
prière, dire à Jésus avec les mots de tous les jours ses
préoccupations, ses aspirations, son goût de vivre au
mieux ses responsabilités. Dans mon enfance, lorsque
j'étais malade, j'avais vu les lèvres de Papa remuer devant
la fenêtre pendant qu'on me prenait la température : il
priait sans doute pour que j'aille mieux. Maman avait
souvent récité avec moi des prières. À l'église, au Séminaire, on priait beaucoup mais c'était toujours avec des

formules – souvent en latin – qui étaient loin de la vie :
on entrait dans un autre monde. Je n'avais jamais
entendu un prêtre parler à Dieu comme on parle à un
ami, à un parent. Je n'avais jamais pensé qu'on pouvait
ainsi faire conversation avec Jésus.

À présent, les synthèses doctrinales me paraissaient
abstraites, sèches, froides. Mon savoir et mes diplômes
théologiques, qui m'occupaient beaucoup et m'encom-
braient sans doute, pâlissaient en moi devant ces femmes
et ces hommes qui s'adressaient à Jésus, là, dans cette
salle. Avec des mots et des silences... Jésus n'était plus
dans les livres et les théories. Il n'était plus besoin d'entrer dans un lieu sacré et d'utiliser une langue morte
pour le prier. Pour ces enseignants, il était le compagnon
stimulant de leur existence. Il était présent.

*

La vie réelle, j'allais la rencontrer, un soir, dans une
ferme du Quercy. Tout le secteur était une « zone-
témoin » : des ingénieurs agronomes, de nouvelles techni-
ques, des subventions pour des achats de matériel, révolu-
tionnaient la vie des exploitations. Cette petite région était
très chrétienne, très pratiquante. Un jeune agriculteur
m'avait invité à venir passer une veillée chez lui, avec les
voisins : « Monsieur l'abbé, depuis que l'expérience de la
zone témoin a commencé, il nous semble que nous avons
deux vies, celle de la semaine, nouvelle, passionnante, et

celle du dimanche où nous continuons les gestes du passé. Nous ne voyons pas comment se fait le joint... »

Le « joint » ? La soirée s'étirait, on buvait le vin blanc, on n'abordait toujours pas la question. Vers vingt-trois heures, devant le feu qui crépitait dans la cheminée, en cette soirée de novembre, le président de la zone témoin s'est mis à parler : « Autrefois, par ici, on priait beaucoup. On faisait un signe de croix avant d'enfoncer le soc pour le premier sillon, on priait pour que les récoltes soient bonnes, pour que l'orage ne les détruise pas, on priait pour demander la pluie ou le beau temps, on priait tout le temps. Mais aujourd'hui... Depuis six ans, nous avons appris à drainer les prés et à utiliser des engrais, nous avons triplé notre production de fourrage, la météo nous aide à choisir le moment de faire les foins et la moisson ; si le tracteur est en panne, le mécanicien le répare... Ce qui nous fait prier encore, c'est le bétail ! » Je m'étonnai : « Pourquoi le bétail ? » Le président répondit : « Quand une vache est malade, on fait venir le vétérinaire. Il l'examine, il donne des remèdes, mais quelquefois il nous dit en partant : "Si elle ne va pas mieux demain, il faudra l'abattre..." Alors, on prie. »

Ainsi la prière, la « religion », se nourrissait de l'ignorance et de l'impuissance. Quand les hommes voyaient grandir leur savoir et leur pouvoir, ils n'avaient plus besoin de Dieu. À quelque temps de là, dans une rencontre de prêtres à Montauban, un curé de la vallée de la Garonne avait fait le même constat, en une formule percutante : « Chez nous, l'irrigation a tué les rogations. » Les rogations étaient des prières devant les églises, les trois jours précédant l'Ascension : on implorait Dieu sur les récoltes et le prêtre bénissait les animaux.

Des théologiens réfléchissaient sur ce décalage entre le sentiment religieux et la nouveauté du temps. Je lisais dans un livre de Romano Guardini : « Le monde est remis entre les mains de l'homme dans une tout autre mesure que les temps passés pouvaient le soupçonner. » Certains rappelaient le mot de Calvin qui voyait en l'homme le « lieutenant de Dieu à gouverner le monde ». Le Père Chenu écrivait : « Le fondement de la présence de Dieu n'est pas notre échec, mais notre réussite... » En effet, Dieu serait bien manchot si on ne le reconnaissait qu'aux défauts de son œuvre ! Les mains du Créateur seraient-elles reconnaissables dans nos faiblesses et nos incapacités ?

En ce début des années 1960, le philosophe Paul Ricœur réfléchissait sur le texte de la Bible qui évoque Dieu créant l'homme « à son image et ressemblance ». Pour lui, c'était en faire une lecture myope que de regarder l'image divine dans la seule intimité subjective des personnes. Avec certains des écrivains chrétiens des premiers siècles qu'on appelle les « Pères de l'Église », il voyait l'« image de Dieu » dans l'homme personnel et collectif, dans l'aventure de l'humanité à travers l'histoire, dans l'immense transformation du monde depuis les origines.

J'avais aussi rencontré une formule choc du Père Dubarle : « En religion, la science fait le désert », et le mot vertigineux du poète Hölderlin : « Dieu fait l'homme comme la mer fait les continents : en se retirant. » La religion vécue à partir de l'ignorance et de l'impuissance allait s'étioler dans beaucoup de consciences. Allait-on prier pour accueillir de Dieu nos capacités et nos responsabilités nouvelles, au cœur d'une vie et d'une humanité en pleine mutation ? Là était peut-être le « joint » que nous cherchions devant le feu, en buvant le vin blanc...

*

1960. Depuis vingt ans, j'allais à la messe tous les jours. Depuis huit ans, je célébrais l'eucharistie chaque matin. Les épisodes de l'Évangile, lus et relus, m'étaient un décor moral familier. Je trouvais dans ces pages des modèles de conduite, l'appel au don de soi, l'invitation à imiter Jésus. Mais la poussière légère de l'accoutumance les recouvrait. Elles ne provoquaient pas en moi le sursaut de la surprise. Avec l'usure de la fréquentation, que restait-il de nouveau dans la Bonne Nouvelle ?

Pendant des années, j'avais poursuivi l'étude du grec biblique, à Paris, car les Évangiles sont écrits dans le grec populaire qui était au premier siècle la langue internationale dans l'Empire romain. À étudier la grammaire, la présence de tournures hébraïques ou araméennes derrière certaines expressions, l'originalité stylistique des auteurs, je restais à la surface des textes, j'analysais la « lettre », et je n'étais guère disponible à l'« esprit ». Je n'entendais pas chanter la source vive... Je faisais parfois un effort, dans la méditation, pour m'émouvoir devant telle scène évangélique, pour susciter en moi un élan quelque peu sentimental vis-à-vis de Jésus, mais je percevais en même temps le caractère artificiel, forcé, de mon attitude intérieure.

Dans la paix du Grand Séminaire de Cahors où j'étais

73

basé, tout en m'occupant de rencontres de prêtres et en restant à la disposition des chrétiens de l'enseignement public, ma prière devint silence et présence. Durant des années, après la messe matinale et le petit déjeuner, je me rendais à la chapelle vers neuf heures. C'était pour moi le meilleur moment de la journée, celui où je pouvais le mieux travailler et réfléchir. Je le donnais à Jésus. Je restais devant lui, devant le tabernacle, durant toute une heure. J'attendais dans le vide. J'attendais je ne sais quoi. Rien sans doute. Ou peut-être la paix de cette heure gratuite, dans le vide de la disponibilité offerte.

Une pensée bizarre me vint, vers cette époque de ma vie. J'aurais voulu ne pas connaître les Évangiles, les ouvrir pour la première fois. J'essayai de lire d'un trait celui de Marc, le plus court, le plus mouvementé, pour me donner le choc de la découverte. L'effet fut médiocre.

Comment ouvrir des yeux neufs ? Serait-il possible, aujourd'hui encore, d'être bouleversé comme le furent des hommes du premier siècle, lorsqu'ils apprirent une nouvelle qui changeait la vie ? Jésus pourrait-il m'étonner, étonner les hommes de notre temps ?

L'étonnement me vint d'ailleurs. Un après-midi, dans un train vers Toulouse, je lisais le roman de Pasternak, *Docteur Jivago*. J'étais « pris » par le destin pathétique du héros. Mais une page m'illumina soudain. La voici : « J'ai dit qu'il fallait être fidèle au Christ... Vous ne comprenez pas qu'on peut être athée, qu'on peut ignorer si Dieu existe et à quoi il sert, et savoir pourtant que l'homme vit non pas dans la nature, mais dans l'histoire, et que l'histoire comme on la comprend aujourd'hui a été instituée par le Christ, que c'est l'Évangile qui en est le fondement.

Et qu'est-ce que l'histoire ? C'est la mise en chantier de travaux destinés à élucider progressivement le mystère de la mort et à la vaincre un jour. C'est pour cela qu'on découvre l'infini mathématique et les ondes électromagnétiques, c'est pour cela qu'on écrit des symphonies. Pour avancer dans cette direction, on ne peut se passer d'un certain élan. Ces découvertes exigent un équipement spirituel. Les données en sont contenues dans l'Évangile. Les voici. C'est premièrement l'amour du prochain, cette forme évoluée de l'énergie vitale, qui remplit le cœur de l'homme, qui exige une issue et une dépense, et ce sont ensuite les principaux éléments constitutifs de l'homme moderne... à savoir l'idée de la personne libre et l'idée de la vie comme sacrifice. Remarquez que tout cela est encore aujourd'hui d'une nouveauté extraordinaire. »

Ensuite venait un tableau sinistre – et injuste – du monde antique : « Il a fallu attendre le Christ pour que les siècles et les générations puissent respirer librement. »

Plus loin, je rencontrai encore une évocation fantastique des hommes à l'époque des cosmogonies, aux prises avec une nature féroce remplie de dieux et une description cocasse de Rome : « C'est Rome et le surpeuplement qui ont sonné le glas de cet univers. Rome était un marché aux puces de dieux empruntés et de peuples conquis, une bousculade à deux étages sur la terre et dans le ciel... Des Daces, des Gétules, des Scythes, des Sarmates, des Hyperboréens, de lourdes roues sans rayons, des yeux bouffis de graisse, la bestialité, les doubles mentons, les poissons que l'on nourrissait de la chair des esclaves cultivés, les empereurs analphabètes... (Les gens) s'écrasaient dans les couloirs du Colisée et ils souffraient. »

Si je me laisse aller à ces longues citations qui appelleraient bien des remarques, c'est pour donner toute sa force à ce dernier paragraphe que je sais presque par cœur : « Et c'est dans cet engorgement de marbre et d'or qu'il est venu, léger et vêtu de lumière, homme avec insistance, provincial avec intention, galiléen, et depuis cet instant les peuples et les dieux ont cessé d'exister et l'homme a commencé, l'homme menuisier, l'homme laboureur, l'homme pâtre au milieu de son troupeau de moutons au coucher du soleil, l'homme qui ne sonne pas fier du tout, l'homme diffusé avec reconnaissance par toutes les berceuses des mères et par tous les musées de peinture du monde. »

*

Les Équipes enseignantes avaient (elles l'ont toujours) un centre parisien. Une équipe de permanents était constituée de quelques enseignants en congé de convenance personnelle sans solde, et de deux prêtres : tous visitaient les équipes en province, rédigeaient les revues et les plans de travail, animaient tout cet ensemble. En 1963, le Père Michel Duclercq, qui avait été, avec quelques institutrices, le fondateur des Équipes, se retira. J'allais prendre sa suite...

Un jour de septembre 1963, je descendis le raidillon qui va du Grand Séminaire de Cahors vers la gare, avec ma valise. J'étais seul, je pleurais : je sentais qu'une page de mon existence était en train de se tourner. Sur le quai, en attendant le train, je regardais vers le nord : un brouillard léger... Peut-être meurt-on plusieurs fois au cours de la vie...

Les années passées au Centre des Équipes, de 1963 à 1969, furent si remplies, si heureuses, qu'elles me semblent aujourd'hui irréelles. En réalité, elles demeurent en moi, toujours stimulantes. Je vivais avec les permanents dans une ambiance joyeuse et inventive. Comme eux, je circulais beaucoup. J'avais parfois l'impression d'habiter dans le train : c'était pour moi un lieu privilégié de travail, de réflexion, de prière... D'un bout à l'autre du pays, nous étions les agents de liaison des expériences et des réflexions de tous les groupes : cette communication était très vivifiante pour nous et pour tous. Dans les réunions de responsables, au plan régional et national, les échanges étaient souvent d'une qualité étonnante, enrichissante pour tous, pour moi en particulier.

Je ne vais pas faire le bilan, qui serait considérable, de ces années ferventes : ces pages veulent seulement évoquer mon « voyage avec Jésus ». Ma réflexion sur le Compagnon intérieur continuait, mais dans les marges de ma conscience. Je m'interrogeais moins sur Jésus, car je voyais l'Évangile « vécu » ! Toutes ces équipes fraternelles que je rencontrais me faisaient penser à ces premiers disciples de Jésus qu'évoquent les Actes des Apôtres. Bien sûr, il y avait parfois quelques difficultés et il ne faudrait pas se laisser aller en les évoquant à la description idyllique que l'auteur du livre des Actes fait de la communauté primitive à Jérusalem. Mais toutes ces rencontres, c'est vrai, fleuraient l'Évangile...

Ces maîtres et maîtresses parlaient de l'école, de sa mission et de ses enjeux ; tous portaient une attention quotidienne aux enfants des milieux modestes. Leur dialogue avec les collègues, parfois anticléricaux, les poussait à approfondir leur réflexion, et aussi leur foi. J'étais provoqué par ces mises en question décapantes, par cette recherche de l'essentiel. Chaque année, les revues proposaient des plans de travail, des articles de fond, des comptes rendus de livres. Partout, on rencontrait une ambiance de liberté, d'ouverture, d'engagement. Sur le quai de la gare de Cahors, j'avais senti que j'allais devoir élargir mon cœur. Tous m'ont donné aussi l'occasion d'élargir mon esprit. Ma recherche de Jésus quittait le domaine des spéculations théoriques et devenait plus concrète : à notre place, nous cherchions avec ardeur à servir et à changer le monde.

On chantait beaucoup, en de belles célébrations. J'aimais proposer souvent le cantique « Nous chanterons pour toi, Seigneur, Tu nous as fait revivre, que Ta parole dans nos cœurs, à jamais nous délivre... ». Certains étaient amusés de ma préférence et disaient en souriant que c'était *La Marseillaise* des Équipes enseignantes.

L'expérience des Équipes n'est pas restée enfermée dans l'hexagone. Des équipes étaient nées, en Afrique, grâce à mon ami Hyacinthe Vulliez. Le Père Duclercq, lui, se rendit en Amérique latine où il commença, avec tout son dynamisme et sa grande intelligence, à en faire naître. Aujourd'hui, l'existence d'antennes en beaucoup de pays donne une large respiration internationale aux équipes de France. L'Évangile fermente en Asie, en Afrique, en Amérique du Sud...

II.

Le Libérateur

Quand je me suis assis à l'ombre du cèdre, dans la cour du Centre Notre-Dame, à Rocamadour, cet après-midi d'août 1968, je ne savais pas que j'allais franchir un cap sans retour. J'avais à lire l'encyclique *Humanae Vitae*, publiée le matin par le journal *La Croix*, et je devais la présenter le soir même au cours d'une session d'instituteurs publics.

Les affirmations de ce document étaient bien décevantes, mais pas surprenantes. C'est vers la fin du texte, dans le paragraphe adressé aux prêtres, que ma conscience s'est cabrée. Il était écrit : « Soyez les premiers à donner, dans l'exercice de votre ministère, l'exemple d'un assentiment loyal, interne et externe, au magistère de l'Église. Cet assentiment est dû, vous le savez, non pas tant à cause des motifs allégués que plutôt en raison de la lumière de l'Esprit Saint, dont les pasteurs de l'Église bénéficient à un titre particulier pour exposer la vérité. Vous savez aussi qu'il est de souveraine importance pour la paix des consciences et pour l'unité du peuple chrétien, que dans le domaine de la morale comme dans celui du dogme, tous s'en tiennent au magistère de l'Église et parlent un même langage. »

« Assentiment interne », même si les « motifs allégués » n'entraînaient pas l'adhésion de ma conscience ? C'était impossible pour moi. Je savais les conséquences redoutables du refus de la contraception artificielle pour beaucoup de couples. J'avais écouté, étudié, réfléchi... Ce paragraphe me contraignait à prendre ma liberté. Je le fis, durant mon exposé, devant quatre-vingts personnes, dans une atmosphère de gravité : je déclarai mon « dissentiment » loyal, interne et externe.

Un mois plus tard, j'appris le mot du Père Congar devant quelques amis : « Cette encyclique sonne le glas du magistère ordinaire. » Hélas, depuis plus de quarante ans, que de documents romains aussi négatifs et anachroniques ! Le glas a continué de sonner... Le même Père Congar, futur cardinal, fit paraître un article dans *L'Année canonique*, en 1981, sur « Le droit au désaccord dans l'Église ». Il y exposait, avec des dossiers historiques précis, des cas où le désaccord « est licite, peut-être même moralement indiqué, voire obligé ». Il rappelait aussi que trois évêques, durant le Concile Vatican II, avaient formulé une demande d'amendement à propos du texte de la Constitution *Lumen Gentium* qui requiert « l'assentiment religieux de la volonté et de l'intelligence » au magistère du Pape, « même lorsqu'il ne parle pas ex cathedra ». La commission doctrinale avait répondu qu'en pareil cas il fallait consulter les positions théologiques sérieuses qui s'étaient exprimées. Le Père Congar rapportait qu'un théologien américain s'était livré à cette enquête à propos de la non-réception d'*Humanae Vitae* par beaucoup de catholiques. Et le savant dominicain concluait : « On peut, pour des raisons graves, penser autrement. » En cas de désaccord, il n'y avait donc pas à considérer seulement l'autorité et ses subordonnés : « Au-dessus d'eux et les enveloppant, il y a la vérité et le bien... » Heureuse prise d'altitude !

Ces clarifications concernaient le domaine disciplinaire ou la vie morale, mais qu'en était-il lorsqu'il s'agissait de la foi ? Après le célèbre théologien jésuite Karl Rahner et d'autres théologiens, le Père Congar constatait : « Nombreux sont aujourd'hui les fidèles, les théologiens, même les prêtres, qui ont une réserve à l'égard de tel ou tel point du dogme, au moins dans la formulation donnée. Ni ces fidèles ni le magistère pastoral ne considèrent que cela détruise l'appartenance à l'Église. » Le Père Rahner avait parlé d'« identification partielle à la foi de l'Église ». Mais pouvait-on aller jusqu'à l'« hérésie formelle » ? Dans ce cas, pour le Père Congar, le droit au désaccord devait s'effacer devant l'exigence de communion.

Les livraisons annuelles de *L'Année canonique* dorment dans les bibliothèques, pages non coupées bien souvent. L'article du Père Congar n'eut guère d'écho. Témoignant pourtant d'une belle lucidité, il apportait d'utiles données historiques et théologiques, et ouvrait des perspectives libératrices. N'était-il pas trop optimiste en pensant que les chrétiens en difficulté avec telle formule doctrinale persévéraient dans l'appartenance à l'Église ? Et n'aurait-il pas fallu, comme pour les questions de morale, évoquer une « vérité » et un « bien » supérieurs, ineffables, bien au-dessus des formules dogmatiques ? Redoutable question qui habitait ma conscience. Quel rapport entre la Bonne Nouvelle de Jésus et les crispations du magistère ?

*

Mon compagnonnage avec des chrétiens de l'enseignement public m'apportait sans cesse l'écho du dialogue entre ceux qui vivaient une foi en l'homme, à distance des convictions chrétiennes et parfois en grande méfiance et opposition par rapport à l'Église. Ce dialogue se poursuivait depuis longtemps dans ma propre conscience, entre le croyant et l'incroyant que je portais en moi depuis mon enfance. Jean Sulivan souhaitait, dans un de ses livres, qu'il y ait un jour des « libres penseurs chrétiens » : cette formule m'avait révélé à moi-même.

En 1969, alors que je terminais mon bail à l'aumônerie nationale des Équipes enseignantes, j'avais demandé à mon évêque s'il voulait bien me laisser la bride sur le cou durant quelques années pour continuer mes études. Quand je lui eus dit que je voulais poursuivre des études sur Jésus, il sourit et me dit : « Comment pourrais-je vous refuser de travailler sur Jésus ? »

Pourquoi ce désir avait-il mûri en moi ? J'avais perçu souvent que Jésus et l'Évangile retenaient l'attention de beaucoup de non-croyants (oh ! ces désignations négatives !...), sensibles à la nouveauté de vie qui rayonne de lui. Je savais que des penseurs à distance de toute « foi religieuse » s'étaient intéressés à Jésus au cours des derniers siècles, mais je n'avais jamais abordé leurs œuvres. J'étais curieux de découvrir ce qu'était devenu, ce que devenait Jésus hors des Églises. Mon intérêt allait tout particulièrement vers ces fondateurs du socialisme français qui rêvaient, en 1848, de faire confluer le christianisme et le socialisme naissant.

Je me mis à regarder vers Jésus à travers les yeux de ces hommes et je le vis prendre une stature nouvelle. Il n'était plus cantonné dans les marges religieuses de l'existence : c'était un être unique qui avait bouleversé l'histoire, une figure d'humanité anticipatrice, un homme dont la liberté avait été plus loin qu'on n'irait jamais et qui avait ouvert une route infinie... Ces penseurs qui ne croyaient pas à la divinité de Jésus me donnaient son humanité. Ils me faisaient percevoir ce qu'avait été, ce que pouvait être encore la déflagration évangélique à travers l'histoire et dans les sociétés.

Comment les Églises avaient-elles pu enfermer Jésus, l'identifier à elles, en devenir les propriétaires et les porte-parole exclusifs ? Je souhaitais qu'un jour Jésus soit à tout le monde, qu'il redevienne un ferment d'humanité, qu'il traverse les murs de tous les cénacles pour rejoindre la foule.

Un autre motif me poussait vers cette recherche. On était encore dans la fermentation et bientôt les remous qui suivirent le Concile Vatican II ; j'avais le sentiment que cette assemblée s'était beaucoup occupée de problèmes d'Église alors qu'il eût fallu regarder plus profond, vers la source, et accueillir la nouveauté de Jésus, intacte, brûlante.

À l'École pratique des hautes études, j'ai trouvé le lieu

où je pouvais alimenter ma recherche. Je suivais des cours sur les messianismes et les utopies, je m'initiais à l'approche sociologique des réalités religieuses. Des espaces de recherche et de liberté de pensée s'élargissaient en moi.

*

Durant ces années qui suivirent Mai 1968, un groupe de chrétiens « en recherche » m'avait invité à un dimanche de débats. En fin d'après-midi, il fut décidé de célébrer la messe, sur place, dans la salle de nos échanges. Je n'avais ni aube, ni étole, ni missel. Nous avions du pain et du vin, mais il n'y avait pas de calice. Une dame déposa devant moi un verre ordinaire. Je lui demandai si elle n'avait pas un verre plus beau, un verre à pied par exemple. Elle me répondit sur un ton un peu agressif qu'elle avait choisi intentionnellement un verre de tous les jours.

Pourquoi ce souvenir menu est-il encore vivant en moi ? Depuis, j'ai souvent célébré la messe à une table familiale ou amicale, sans réclamer un autre verre que celui qui m'était présenté.

Le jour où j'ai demandé le verre à pied, sans doute avais-je à l'esprit la forme traditionnelle du calice. Je peinais à quitter les habitudes rituelles. Mais, plus que le gobelet, ou l'assiette sur laquelle j'allais partager le pain, l'important n'était-il pas le mouvement vivant de ces femmes et de ces hommes qui cherchaient à accueillir

Jésus dans leur vie quotidienne ? Le verre « ordinaire »
en était le symbole. Je ne l'ai pas compris tout de suite.

Avais-je tort de souhaiter un joli verre ? La beauté est
présente dans la vie la plus banale. On sort la belle vais-
selle pour accueillir les amis de passage. L'assiette à
fleurs, elle aussi, a sa signification discrète. Peut-être est-
il bon, selon les jours et les circonstances, de varier les
symboles... Et Jésus, au soir de la Cène, quelle coupe
avait-il devant lui ? Était-elle d'or, d'argent ou d'albâtre ?
Peut-être était-elle d'humble argile cuite...

*

Au cours d'un voyage en Amérique latine, durant l'été
et l'automne 1969, j'avais vu dans les églises des femmes,
et même des hommes, s'approcher des Christs en croix,
leur caresser et baiser les pieds. J'avais vu aussi des dessins qui présentaient un Jésus « guérillero » avec une
mitraillette sur l'épaule. Des mouvements de libération
nationale étaient très actifs alors dans plusieurs pays. Un
journaliste, à Montevideo, me fit constater un soir que
l'Amérique latine avait deux Christs : le Christ mort sur
la croix qui reflétait et sacralisait la résignation souffrante
des peuples opprimés, et le Christ libérateur qui reflétait
et sacralisait la lutte pour la libération. Je percevais soudain que les images de Jésus ne tombaient pas du ciel
dans le silence des églises et dans les consciences des
croyants. Je constatais dans un continent en fièvre
qu'elles pouvaient avoir des fonctions sociales et politi-

ques. Mais alors, y avaient-ils plusieurs Jésus, un Jésus résigné qui maintenait les fidèles dans la passivité et un Jésus révolté qui invitait le peuple à se dresser ? Un Jésus pouvait-il être contre un autre Jésus ?

Quand j'ai demandé à ce journaliste ce qu'était pour lui le christianisme, il m'a répondu : « Una pobreza fertil », une pauvreté fertile. Je n'ai jamais oublié.

*

Je l'ai rencontré en allant à la poste de mon village. Maçon, il travaillait sur un chantier à proximité. Il était arrivé en France avec le reflux des républicains espagnols. J'ai su depuis qu'il avait été un militant important, qu'il avait été emprisonné et condamné à mort, qu'il s'était évadé. Le visage était franc, le regard joyeux, la parole souriante. Je ne sais plus comment nous sommes entrés en conversation.

C'était un jour d'été. Je regardais sa peau tannée par le soleil, la sueur, la poussière. Comment en sommes-nous venus à parler religion ? Je l'ignore. Mais la phrase brève qu'il a prononcée soudain a pénétré en moi et m'a longtemps habité. Il a articulé, avec un éclair dans les yeux, d'une voix chantante et musclée : « El Evangelio es algo mío. » Impossible de restituer en français la force de la formule : « L'Évangile est quelque chose qui est mien. » En deux mots – « algo mío » – il disait que l'Évangile était à lui, en lui. Qu'il l'avait dans le sang ! Lui qui avait lutté contre l'Église en Espagne, il affirmait paisiblement, fièrement, qu'il était pétri d'Évangile, que l'Évangile faisait partie de sa vie et de son être.

Nous nous regardions en silence. Ainsi un homme, anticlérical, qui avait traversé la prison, la guerre, qui gagnait durement sa vie, pouvait dire là, à côté de sa brouette chargée de pierres : « El Evangelio es algo mío. » Il parlait mal le français mais il le lisait mieux. J'ai appris qu'il était un lecteur du journal *Le Monde*, qu'il restait ardemment attentif à l'actualité internationale.

Un citoyen du monde, un anticlérical évangélique... On pouvait donc avoir l'Évangile « dans la peau », bien loin des Églises, en luttant même contre elles... C'était il y a plus de trente ans. Depuis, j'ai souvent entendu en moi la parole de cet homme. Il m'a ouvert les yeux de l'esprit et du cœur. Cet instant près de la poste et du chantier fut pour moi un de ces commencements dont la « fertilité » accompagne la vie.

*

Je vivais, à Paris, dans une chambre de bonne, prêtée par des amis. Je dois grande reconnaissance à Michel, Huguette et Jean, pour les douze années passées en ce lieu paisible. Une petite chambre, au premier étage, avec une grande baie et un balcon au-dessus d'un jardin intérieur.

Un travail à temps partiel, offert par les dominicains des éditions du Cerf, assurait mon existence matérielle et me donnait de participer à l'effervescence intellectuelle de la maison. Je gagnais assez pour me nourrir, faire de temps en temps un passage au pays natal, acheter quelques livres.

Mon frère m'avait dit : « Maintenant, tu n'es plus rien. » C'était plus vrai qu'il ne pensait. Désormais je n'étais plus l'aumônier national si souvent accueilli, entouré, écouté. Plus important que cette perte affective : aucune fonction ne conditionnait ni n'orientait ma pensée et mon langage. Aucun entourage ne projetait son attente sur moi.

L'Église n'était plus pour moi l'institution maternelle qui assure à la plupart de ses prêtres le gîte, le couvert, un milieu protégé, les sécurités premières. Sans en être bien conscient, je prenais distance par rapport à l'appareil ecclésiastique. Un mode de vie nouveau m'éloignait du monde catholique, en même temps que je partais à la recherche de Jésus hors des Églises.

Au jour de mes quarante ans, en célébrant la messe avec quelques amis, je leur avais dit que j'avais le sentiment d'avancer vers le pays de la liberté intérieure. Maintenant je le parcourais avec un certain vertige. Peut-être, sans doute, fallait-il aller au désert pour découvrir une lumière crue, des horizons nouveaux, un espace où les repères du passé s'évanouissent.

*

L'idée est devenue projet au cours d'une promenade avec Hyacinthe, un après-midi d'automne 1971, alors que nous parcourions le Champ-de-Mars, à Paris. Avions-nous besoin de ce lieu historique pour regarder vers le passé et le présent de Jésus ? Le projet : lancer une petite revue pour étudier ce qu'était devenu Jésus depuis Jésus.

Après en avoir parlé avec Michel et avoir invité quelques amis, une sorte de tract-programme fut rédigé et éparpillé comme graine au vent. Ce tract posait une question : « Les débats dans l'Église sont-ils conduits avec toute la lucidité que permet la culture contemporaine ? » Suivait l'affirmation que cette culture « offre la possibilité d'une étude non religieuse des réalités chrétiennes, par le biais des sciences humaines ».

Nous précisions notre proposition : « Il nous a semblé qu'il pouvait être éclairant d'étudier dans ces perspectives "Jésus". D'où l'idée d'un bulletin éphémère dont chaque numéro pourrait comporter trois parties :
– ce que l'on sait (ou que l'on ne sait pas) de Jésus ;
– ce que l'on a fait de Jésus au cours des temps, dans les Églises et hors d'elles : Jésus depuis Jésus ;
– Jésus aujourd'hui (Églises, groupes, expériences qui se réfèrent à lui, positions des non-croyants). »

Chaque partie devait comporter des approches fournies (directement ou reprises par nous) par des spécialistes en sciences humaines des religions (y compris psychanalyse, linguistique, ethnologie, recherches nouvelles en exégèse, etc.).

Le projet, follement ambitieux, était limité dans le temps : nous envisagions dix numéros, répartis sur deux ans et demi environ, en procédant à rebours, commençant par le numéro 10 pour terminer avec le numéro 1. Ainsi, il apparaîtrait clairement que ce bulletin n'était pas une fin en soi, mais seulement le support d'une recherche nouvelle, à travers quelques coups de sonde. Des critères de rédaction étaient énoncés : « sérieux scientifique, liberté de recherche et d'expression, articles courts et lisibles ». Enfin on appelait celles et ceux que ce tract rejoindrait à nous écrire leurs réactions.

Il y eut plus de cinq cents réponses, très diverses mais encourageantes. Il nous était dit qu'une pareille recherche était « urgente et vitale pour essayer de débroussailler le maquis où le discours religieux a élu domicile ». On nous invitait à faire ce bulletin « pour ceux qui doutent, et souffrent, et se posent d'énormes questions » en évitant « le vocabulaire religieux traditionnel qui a perdu son sens ». Des questions précises étaient formulées : « Dans la confrontation avec les sciences humaines, l'acte de foi prend-il une signification nouvelle et laquelle ? Existe-t-il des permanences, une certaine unité des images de Jésus à travers la diversité des représentations et des expressions ? » Quelqu'un nous alertait sur la démesure de notre entreprise : « Comment allez-vous faire entrer dans un petit bulletin ce qui demanderait une bibliothèque ? » Mes recherches sur Jésus allaient se poursuivre en communication avec les lecteurs : cette tribune libre m'invitait à m'exprimer.

*

Durant les six années où j'avais sillonné la France, à la rencontre des Équipes enseignantes et de la paroisse universitaire, j'avais fait la connaissance amicale de beau-

coup de personnes vivantes et vivifiantes qui demeu-
raient ma « communauté chrétienne » intérieure. Dans
ma recherche de Jésus, dans les décisions qui orientaient
ma vie, que de visages m'étaient présents : même à distance, je demeurais solidaire de ce monde dont je parta-
geais les aspirations, les difficultés et les ferveurs. C'était
mon Église intime.

De temps en temps, j'étais invité ici ou là, et je reprenais
le train vers quelque réunion, vers des visages connus ou
inconnus : je vivais des débats stimulants, je repartais avec
des questions. Mes interlocuteurs n'étaient pas représenta-
tifs de la diversité du monde catholique. La plupart étaient
« en recherche » : c'étaient des femmes et des hommes
pour qui l'Évangile était le ferment de la vie. Ils voulaient
avancer dans le dynamisme des ouvertures du Concile.

Deux propositions inattendues allaient me mettre en
communication avec le « grand » public. En 1972, le Père
Carré, responsable de la messe radiodiffusée, le dimanche
matin, sur France Culture, me proposa de prendre place
dans l'équipe des quatre prédicateurs qui prononçaient
l'homélie. J'allais parler, chaque fois, à un auditoire plus
nombreux que tous ceux auxquels j'avais pu m'adresser
jusqu'alors. Ces interventions entraînaient une correspondance abondante et intéressante qui me mettait au
contact de sensibilités très variées. Vers la même époque,
Georges Hourdin me sollicita pour commenter les Évangiles du dimanche, avec mon ami Hyacinthe, dans
l'hebdomadaire *La Vie*. Là aussi, j'étais au contact d'un
vaste public, souvent populaire, épris d'Évangile vécu.

J'allais donc tenter de conjuguer en moi une recherche
intellectuelle sur Jésus, qui se voulait de niveau universi-

taire, et l'expression sur les ondes et dans un organe de presse de ce qui me paraissait l'actualité de l'Évangile. J'allais, de dimanche en dimanche, reprendre les Évangiles au peigne fin, tenter le va-et-vient entre leur signification originelle et leur impact dans l'existence personnelle et collective, scruter les portraits du Christ que nous ont laissés les évangélistes et, au-delà, la silhouette de Jésus. Tenter d'allier ces deux démarches me paraissait profitable pour chacune. L'aventure dura vingt ans.

*

En décidant en 1969 d'étudier les nombreuses manières de se référer à Jésus depuis les origines chrétiennes, je ne me doutais pas qu'un domaine d'observation et de réflexion très neuf allait s'ouvrir vers 1972 : Jésus « revenait ». On parlait en France du « retour de Jésus ».

Je me souviens de cet après-midi où j'allais prendre le train pour Rennes. Dans les couloirs du métro, en arrivant à la gare Montparnasse, je regardais les graffitis : « Jésus t'aime », « Jésus est un extraterrestre descendu sur la terre en soucoupe volante ».

Sur la palissade d'un chantier, j'avais lu, la veille au soir, en grandes lettres écrites à la bombe : « JÉSUS-LIBERTÉ ». Plus loin, un macaron, collé sur la vitre arrière d'une voiture, interpellait les passants : « Si ton dieu est mort, prends le mien : Jésus vit. » Un Samedi saint, un ami m'avait porté une affiche écrite à la main, trouvée sur un mur à Avignon, sorte d'avis de recherche avec le dessin maladroit d'un visage à la barbe fine : « Cet homme est dangereux, il a maudit les riches, il veut renverser les puissants et élever les petits... »

Je m'interrogeais : ces graffitis relevaient-ils de la bizarrerie de quelques illuminés, étaient-ils sans signification ? Avaient-ils été écrits dans un but conscient ou sous la poussée de quelque mobile obscur ? Étaient-ils des indices de mouvements collectifs profonds ? Ces manifestations de « christianisme sauvage », comme on disait alors, signifiaient à tout le moins que la figure de Jésus continuait de hanter nos sociétés inquiètes et qu'il demeurait disponible dans l'imaginaire...

Jésus « revenait » aussi sur les écrans de cinéma, sur les tréteaux des théâtres, dans les émissions de la télévision et de la radio, sur les polos importés d'outre-Atlantique (« Jesus Love »). Après 1971, qui avait été l'« année de Jésus », on avait vu arriver des États-Unis les « mouvements de Jésus ». Les médias avaient braqué leurs projecteurs et leurs micros sur la « Jesus Revolution ». Sous cette appellation vague, on trouvait des groupes variés, à la sensibilité commune mêlant la déception politique d'une grande partie de la jeunesse étudiante, une religiosité insatisfaite par les Églises, le rejet d'un rationalisme étroit, et une réaction globale contre la drogue, l'érotisme banalisé, l'anonymat urbain, la pollution, la société de gaspillage...

En France, les hippies constituaient de petits groupes chaleureux, qui présentaient l'image d'une humanité douce et réconciliée. Ils pensaient que l'amour pouvait réduire les tensions sociales et politiques. Un jour, je vis deux d'entre eux aller d'un voyageur à l'autre dans le métro en interrogeant chacun avec un sourire extatique : « Savez-vous que Jésus vous aime ? » J'avais répondu : « Oui. » Des affichettes présentaient des invitations infantiles : « Redeviens un bébé... Nous avons tous été méchants et méritons une bonne fessée, mais Jésus, notre grand frère, aime le Père et nous si fort que, sachant que la fessée nous ferait mal, il offrit de la prendre à notre place... » Pour ces « enfants des fleurs » qui se nommaient aussi parfois les « cinglés de Jésus » ou les « clochards célestes », Jésus semblait un être doucereux, une silhouette floue disponible au rêve.

J'allais à Rennes pour participer à une rencontre de membres de la paroisse universitaire, des professeurs de l'enseignement public. Dans la maison qui nous recevait, ce dimanche, à quelque distance de la ville, il y avait aussi une réunion de jeunes chrétiens du monde rural. Comme leur aumônier était absent, ils demandèrent s'ils pouvaient participer avec nous à la célébration de l'eucharistie. L'accord fut immédiat et il leur fut proposé de préparer des interventions et des chants. Au début de la messe, ils s'exprimèrent dans une sorte de chœur parlé dont voici quelques extraits. Le début était inattendu : « Assez ! Assez ! Assez... de Jésus ! » Et le refrain s'élevait, accompagné par deux guitares sur l'air de « Elle descend de la montagne à cheval » : « J'en ai marre d'un Jésus à l'eau de rose... » Les couplets explicitaient les raisons de ce rejet : « Jésus, ça se dessine sur la veste d'un hippie, l'habit ne fait pas le moine... Jésus, c'est de la drogue, c'est le grand flash, c'est la piquouze shooteuse qui vous envoie au quatrième ciel et ça fait du bien... Jésus, c'est le plus grand écran du monde, chacun a son petit appareil et se projette son Jésus, ça fait vivre, c'est la fuite dans le rêve, dans l'imaginaire... » Quand les professeurs se retrouvèrent, il fallut un certain temps avant que l'émotion fasse place à la réflexion. Il valait la peine d'analyser le « chœur parlé » : n'avait-il pas décelé et dénoncé des fonctions que l'on fait jouer à Jésus dans l'obscurité de l'inconscient ? N'était-il pas une invitation brutale à nous interroger sur le Jésus que nous portions en nous ?

J'allais avoir encore, en cette même journée, de quoi prolonger ma réflexion. Le soir, dans le train du retour vers Paris, un étudiant parlait avec une étudiante dans le couloir. Il lui disait sa satisfaction de la messe à laquelle il avait assisté le matin. Elle semblait peu intéressée. Il lui demanda soudain : « Qu'est-ce que tu penses de Jésus ? » Elle leva les yeux au ciel et lui répondit : « Jésus, c'est tellement élastique !... »

Inoubliable week-end ! Il allait me donner à réfléchir pour longtemps. Jésus était-il une figure floue que les hommes peuvent « utiliser » pour l'habiller de leurs rêves ?

*

En voyageant à travers la France – conférences, week-ends de réflexion, récollections –, je constatais que beaucoup de gens « quittaient l'Église sur la pointe des pieds ». Ils ne savaient même pas qu'il existe – qui en parle ? – un droit au désaccord. Ils se croyaient hors de l'Église parce qu'ils rejetaient telle prescription morale ou telle croyance. On parlait beaucoup du schisme de

97

Mgr Lefebvre, mais on ne prêtait pas assez attention à ce schisme silencieux. La phrase de saint Augustin me revenait en mémoire : « Beaucoup qui semblent dehors sont dedans... » Il écrivait aussi : « Beaucoup qui semblent dedans sont dehors... » La concision de ces formules anciennes n'est pas esclave de leur contexte historique lointain et donne toujours à penser.

Que de fois une question recueillie au cours d'un débat a stimulé ma réflexion et ma recherche. Un soir, à Marseille, un homme s'approche de moi, à la fin d'une réunion, pour m'interroger discrètement : « Excusez-moi, je voudrais vous poser une question mais je crains de vous choquer : le Pape, la papauté... c'est sûr que Jésus a voulu tout cela ? »

*

La « réserve » de la Bibliothèque nationale, à Paris, est un lieu de silence et de solitude. Pour y être admis, il faut une autorisation spéciale. Je l'avais obtenue grâce à une lettre d'un professeur qui précisait le sujet de ma recherche : « La messianose dans l'œuvre de P.J. Proudhon ».

On ne connaît pas assez l'œuvre économique, sociale et politique de ce penseur volcanique qui a refusé le dogmatisme du marxisme naissant et qui a cherché à équilibrer autorité, liberté et justice. Face aux attaques de Marx et à son influence croissante, il écrivait dans son carnet, le 24 septembre 1847, cette évaluation tranchante : « Marx est le ténia du socialisme. » Méfiant à

98

l'égard de la centralisation étatique, du nationalisme, des pentes vers le totalitarisme, il a lutté contre toutes les aliénations. Une quarantaine d'ouvrages jalonnent sa recherche impétueuse. On y trouve des formules destinées à faire choc plus qu'à exprimer le fond de sa pensée : « La propriété, c'est le vol », « Dieu, c'est le mal ».

Son œuvre religieuse est considérable. Face à l'Église de son temps, sa critique ne désarma pas à partir du jour où il écrivit : « J'ai cessé de croire en Dieu le jour où j'ai trouvé un homme meilleur que lui. » Son ouvrage le plus connu, *De la Justice dans la Révolution et dans l'Église*, publié en 1858, est resté durant plus d'un siècle « le bréviaire de l'anticléricalisme le plus décidé et le plus intelligent » (Mgr Haubtmann).

Par contre, les travaux de Proudhon sur la Bible n'ont guère attiré l'attention. Ils ont pourtant accompagné longtemps son itinéraire. Quand il dut s'enfuir à Bruxelles pour éviter la prison en 1858, il écrivit à un ami : « Ne va-t-on pas aller rue d'Enfer opérer une saisie ?... J'ai parmi les livres la collection complète du *Peuple*... et une bible in-quarto, latine, chargée de notes marginales de ma main, que je ne céderais pas pour mille écus. Je tiens à ces deux objets, et j'aurais un regret mortel de les voir perdre. » Il avait écrit à un autre ami : « Mes vrais amis, je veux dire ceux qui ont fait naître en moi des idées fécondes, sont au nombre de trois : la Bible d'abord, Adam Smith ensuite, et enfin Hegel. »

D'où venait cette bible latine ? En 1836, alors qu'il avait vingt-sept ans, Proudhon travaillait à l'Imprimerie Gauthier et Cie, à Besançon : il corrigeait les épreuves d'une édition de la Vulgate, traduction latine de la

Bible ; il avait conservé un jeu d'épreuves et il avait commencé à écrire dans les grandes marges. Durant une trentaine d'années, il continua de l'annoter...

Le bibliothécaire posa devant moi le grand volume relié. Sur la couverture, je lus de la main de Proudhon : « Biblia Proudhoniana ». Je restai un moment immobile avant de poser mes doigts sur ces pages qu'il avait si souvent tournées. J'étais comme en sa présence... Maintenant je regardais son écriture, fine en sa jeunesse, épaisse vers la fin de sa vie. Durant des années, quand j'avais une matinée libre, j'allais lire et recopier les annotations de l'Ancien Testament. Elles n'ont jamais été publiées et sont – hélas – impossibles à dater. Elles révèlent en Proudhon un pionnier dans l'abordage sociologique des réalités religieuses : il met en rapport les écrits bibliques avec les événements qui jalonnent la vie politique et sociale d'Israël. Il veut montrer que beaucoup de ces textes, en particulier les « livres historiques », sont des constructions pour légitimer les entreprises des prêtres et des rois. Il met en lumière cet ancrage dans un passé considéré comme sacré pour donner une authentification divine à des rites, des lois, des visées politiques et religieuses. Je découvrais ce processus : les travaux des exégètes, des historiens, des archéologues en ont montré l'importance.

Les annotations qui accompagnaient le Nouveau Testament avaient été publiées en 1867-1868, deux ans après la mort de Proudhon, aux Éditions A. Lacroix, Verboeckoven et Cie, à Bruxelles. Deux autres ensembles de textes furent aussi découverts après la mort de Proudhon et firent l'objet de publications posthumes sous les titres de *Césarisme et christianisme* et *Jésus et les origines du christianisme.* Ces recueils étaient les dossiers de livres en préparation.

À défaut de pouvoir synthétiser les remarques foisonnantes, variées, parfois contradictoires, que l'on rencontre au long de ces pages, on peut évoquer à grands traits la démarche de Proudhon. Pour lui, Jésus était un « antimessianiste » : il ne voulait pas être le Messie politique attendu. C'est le peuple qui devait faire sa régénération religieuse, morale, sociale, sans l'attendre d'un Messie providentiel. Il ne fut pas compris, il fut rejeté et exécuté. Mais après la ruine de la nation, en 1870, ses disciples reconnurent qu'il avait raison et, par un effet de boomerang inattendu, ils le proclamèrent Messie, sur un registre non plus politique mais spirituel. Paradoxe stupéfiant : l'anti-Messie devenait Messie parce qu'il avait été anti-Messie ! Proudhon appela cette production sociale du Messie la « messianose », par analogie avec l'« apothéose », qui fait d'un homme un dieu. C'est dans ce processus de messianose et bientôt de déification de Jésus qu'il voyait la naissance ambiguë du christianisme. Il écrivit en marge de l'Évangile de Matthieu : « Jésus est le noyau de cette immense boule de neige qui, à force de rouler, est devenue ce que l'on sait aujourd'hui. »

Beaucoup de ces développements paraissent actuellement anachroniques, au vu des progrès accomplis depuis par les recherches exégétiques et historiques. Mais pour les chercheurs qui étudient les messianismes, pour ceux qui scrutent les origines du christianisme, pour les observateurs des dynamismes sociaux, ces textes demeurent fertiles en interrogations stimulantes. Ils m'ont poussé à me poser des questions nouvelles, ils ont fécondé ma réflexion.

J'étais sensible au lyrisme de Proudhon, à sa liberté de pensée parfois échevelée, et aussi à son souhait ambitieux : « Jésus est une individualité à retrouver, à restituer, à refaire presque... » N'était-ce pas aussi mon désir ?

*

Que de rencontres en ces années 1970 où l'on parlait de Jésus ! Je me souviens de cette soirée où une cinquantaine de jeunes étaient réunis : ces filles et ces garçons avaient entre seize et dix-neuf ans et terminaient le lycée. Après un temps pour faire connaissance et des travaux en petits groupes, tous se retrouvèrent pour mettre en commun les résultats de leur recherche.

« Jésus, c'est un ami qui est toujours avec nous », dit l'un des rapporteurs. « Jésus, c'est quelqu'un qui nous comprend et qui ne nous juge pas », reprit un autre. Enfin un troisième sembla exprimer le sentiment de beaucoup lorsqu'il déclara : « Jésus, c'est un téléski, un remonte-pente... Quand on est à plat et qu'on pense à lui, ça regonfle et on repart. »

Les réponses continuèrent. De manières variées, Jésus était celui qui aidait à surmonter la solitude, la peur des autres et de l'avenir, les ras-le-bol de la vie quotidienne. Une sorte de maxiton religieux. Mais il n'avait guère de traits précis, il était sans visage. Avait-il existé il y a vingt siècles ou trois millénaires ? Personne n'évoquait sa vie, les conflits qu'il avait affrontés, sa mort tragique. Il était comme ces câbles de téléski qu'on aperçoit entre ciel et terre, dans la brume, au-dessus du champ de neige qui estompe toutes les formes : où vont-ils ? D'où viennent-ils ? On ne le sait pas toujours. D'ailleurs, on peut trouver plusieurs remonte-pentes dans la même station, et l'on peut en changer. Que de jeunes, parvenus à l'âge adulte, considèrent leur compagnonnage avec Jésus comme une de ces ferveurs qui finissent avec l'adolescence !

J'en ai fait souvent la remarque : beaucoup de femmes et d'hommes se sont éloignés de ce christianisme fervent où il y avait plus de chaleur que de lumière, comme s'ils en avaient épuisé la substance. En réalité, ne sont-ils pas passés à côté de Jésus sans vraiment le rencontrer ? L'émotion religieuse peut coexister avec l'ignorance.

J'étais conduit à m'interroger : parmi les foules chrétiennes, Jésus n'était-il pas un inconnu ? N'avait-on pas mis sous son patronage des conduites individuelles et des complicités historiques peu compatibles avec l'Évangile ? N'aurait-on conservé qu'un nom, en oubliant l'homme, ses labeurs, ses luttes, sa condamnation ?

En 1980 parut un livre au titre révélateur : *Jésus a tant de visages*. L'auteur, Philippe Régeard, analysait la variété des références à Jésus : « La référence à Jésus paraît davantage être recherchée pour son caractère absolutisant que pour adhérer à lui comme visage d'Absolu. » En clair, on se référait à lui pour donner une légitimation religieuse, un coefficient d'absolu, à nos conduites. Souvent, on projetait en lui nos besoins et nos désirs au lieu de confronter nos vies à ce que Jésus lui-même avait vécu. L'auteur avait cette formule provocante : « Nous divinisons nos désirs. » En lisant ces pages, je pensais au chœur parlé des jeunes ruraux à Rennes, à la repartie de l'étudiante dans le train, et je me demandais aussi quel était mon Jésus et comment je vivais avec lui et devant lui.

*

Vers 1970, Jésus ne revenait pas que sur les écrans de cinéma, les tréteaux des théâtres et les graffitis du métro. Il revenait aussi dans les ouvrages de certains philosophes marxistes, souvent exclus du parti communiste de leur pays. Mais ce n'était pas le même Jésus.

Le tchèque Gardavsky, dans son livre *Dieu n'est pas tout à fait mort,* publié à Munich en 1968, voyait en Jésus le « pionnier eschatologique », c'est-à-dire celui qui rend présents les accomplissements et ébranle tous les ordres – ou désordres – établis.

Le titre du livre d'un autre intellectuel tchèque, Machovec, retint immédiatement mon attention : *Jésus pour les athées.* Que de fois je m'étais étonné que Jésus semble monopolisé par les Églises alors que son message – les Béatitudes, par exemple – parle à tous les hommes. L'auteur avait été professeur à la Karls-Université de Prague, avant d'être privé par les autorités de sa chaire et de tout travail. Je me suis senti en grande connivence avec lui qui demandait aux chrétiens de ne pas « confisquer Jésus ». Le point de départ de son œuvre était d'une lucidité courageuse : il constatait les impasses du monde capitaliste et du monde communiste, et il cherchait un modèle, une ligne de mire, pour avancer vers la véritable humanité. Dans la mémoire de l'Occident, il trouvait la figure de Jésus, celui qui *était* ce qu'il disait, celui qui incarnait en tout son être l'avenir vivant qu'il annonçait, celui qui attendait aussi le Royaume « d'une action décisive de Dieu ». La « conversion » consistait à se faire, comme lui, « porteur d'avenir au cœur du présent ».

Les paroles de Jésus sur les riches et les pauvres visaient la transformation de l'humanité. Il proposait l'enfant comme modèle parce que l'enfant, comme le pauvre, le pécheur et la prostituée, est disponible, prêt à regarder vers une nouveauté de vie. Ce n'était pas pour imposer une morale que Jésus invitait à la non-violence, à l'amour des ennemis, au pardon : c'était pour « anticiper le Royaume de Dieu, opérer une mutation de sens, une conversion radicale ».

Machovec avait poursuivi longtemps l'étude des Évangiles. Il avait longuement fréquenté les travaux des exégètes et des historiens. Il scrutait la démarche originale de Jésus, l'impact de ses attitudes et de ses paroles dans la vie des personnes et des sociétés. Je découvrais, en le lisant, un Jésus « premier de cordée » de la rude ascension millénaire des hommes vers leur humanité.

*

Je le perçois aujourd'hui, avec la distance du temps écoulé : la « vie réelle » avait déplacé mon attention. L'« union hypostatique », comme on disait en théologie pour désigner l'union des natures divine et humaine en la personne de Jésus, me préoccupait moins que la nouveauté de vie apparue avec le prophète de Nazareth.

Ma perplexité devant l'origine de Jésus, qui m'avait tant occupé l'esprit depuis mon enfance, s'estompait, sans tout à fait disparaître. Je voyais en lui un prodigieux surgissement, un commencement toujours actuel offert aux générations successives. Sa Bonne Nouvelle, on pourrait dire sa belle et grande Nouvelle, appelait sans cesse à aller de l'avant. Elle restait un levain et un ferment actifs à travers les avancées et les régressions, les grandeurs et les horreurs de l'histoire.

J'essayais d'apercevoir le sillage de Jésus au long des siècles et sa fécondité toujours présente. Il y avait François d'Assise et tant de saints, il y avait la sainteté de tant de personnes oubliées. Je voyais la « suite » de Jésus dans leur vie donnée, je la voyais aussi dans les aspirations des peuples à la paix et à la justice, je la voyais dans les lentes avancées du droit. Je pensais aux vers que Pasternak met sur les lèvres de Jésus : « Et comme des radeaux, au fil de l'eau, les siècles nageront vers ma lumière... »

Un autre historien et philosophe marxiste, Leszek Kolakowski, grand analyste de la culture européenne, avait commencé l'exploration. J'avais lu et relu une conférence qu'il avait faite, sous le titre : « Caducité ou vigueur actuelle des traditions chrétiennes ». Il mettait au jour dans la profondeur des mentalités occidentales des valeurs qui provenaient, selon lui, de l'Évangile, et plus précisément de la personne de Jésus. Il écrivait : « Jésus reste présent dans notre culture, non pas à travers les dogmes nourris par les diverses Églises, mais à travers la valeur de certains enseignements qui constituaient quelque chose de neuf. » Il ajoutait : « Ces enseignements ne conservent pas leur vigueur comme des normes abstraites, ils sont liés au nom et à la vie de Jésus. »

Kolakowski élucidait cinq valeurs-germes qui demeurent vivantes dans la culture européenne et nous viennent de Jésus. Je les énonce, trop brièvement, sans même résumer les développements qu'il leur consacre : un jour, la confiance et l'amour rendront inutiles les traités et le droit ; un jour, la violence disparaîtra dans les rapports humains ; l'homme ne vit pas seulement de pain ; il n'y a pas de peuple élu car l'humanité constitue un seul peuple ; le monde humain est fragile, comme mutilé, incapable d'atteindre les accomplissements rêvés. Mais ce constat, loin de conduire à la résignation passive, invite à « lutter pour changer ce qu'il est possible de changer dans l'existence humaine, tout en reconnaissant que l'absolu est inaccessible, que certaines fragilités de la vie humaine sont invincibles, et qu'il existe en nous une incapacité fondamentale liée précisément à cette solitude ». Il écrivait enfin que ce thème « ne cessera jamais d'occuper les philosophes ».

Après avoir tenté une « synthèse imparfaite des valeurs qui ont pénétré de la doctrine de Jésus dans la substance spirituelle de l'Europe et du monde », Kolakowski affirmait : « À les arracher de leur origine en la personne de Jésus, on arrive à une sorte de pauvreté culturelle... liée à la monopolisation de Jésus par le cercle des Églises chrétiennes dogmatiques » et à la disparition de Jésus des autres secteurs du monde intellectuel. Enfin il alertait sur « le danger que toutes les manifestations de déca-

dence du christianisme se transforment en une décadence de la signification historique de Jésus ». Pour
éviter cette perte, il invitait le monde chrétien à s'améliorer en « concentrant continuellement son attention sur
les trésors spirituels unis au nom de Jésus ».

Je garde au cœur l'inquiétude si bien exprimée par
Kolakowski.

*

Les gradins étaient remplis jusqu'en haut dans la
grande salle qui accueillait, à la Maison des sports de
Villeurbanne, le lundi 27 mars 1972, les Journées universitaires. Les JU étaient le grand rassemblement annuel
des chrétiens membres de l'enseignement public, à l'approche de Pâques. Instituteurs, professeurs de l'enseignement secondaire, technique et supérieur, un millier de
personnes environ avaient convergé vers Lyon pour de
belles célébrations liturgiques, des interventions, des
débats. Le thème était, cette année-là : « Jésus-Christ
vivant aujourd'hui ».

Les organisateurs m'avaient demandé un témoignage
sur « ma foi en Jésus-Christ aujourd'hui ». Depuis des
mois, j'avais tenté de voir clair en moi et de faire le
point. Ce fut vers midi moins le quart, après une longue
matinée de conférences savantes, que je fus invité à parler. J'étais ému et heureux d'apercevoir dans le vaste
hémicycle beaucoup de visages rencontrés au cours des
années passées à l'aumônerie nationale. Devant eux,

devant tous, devant de doctes théologiens, j'allais « m'exposer », comme jamais je ne l'avais fait, et dire mes insatisfactions, mes tâtonnements, mes ferveurs.

Malgré la fatigue, la vaste assemblée me prêta tout de suite une attention impressionnante. Était-ce à cause de mon accent méridional ou du ton immédiatement personnel de mes propos ? Je fus écouté dans un grand silence. Ce moment demeure pour moi un jalon précis, précieux, dans mon « voyage avec Jésus ». Qu'il me soit permis de reproduire quelques extraits de cet exposé :

« Jésus... Je le connais de moins en moins, me semble-t-il. Ou peut-être de plus en plus. Serait-ce parce qu'il est pour moi comme une personne aimée, dont la proximité et l'inépuisable connaissance appellent toujours l'attention de tout l'être ? Serait-ce parce qu'il est comme une enfance dont je sens à quel point elle revêt mon âme ? Ou serait-ce parce que, en regardant vers lui, c'est le mystère du monde, et le mystère que je suis à moi-même, que j'essaie de sonder, de vivre et d'accueillir comme un avenir inconcevable ?

Ce dont je suis sûr, c'est que je suis de plus en plus passionné de Jésus et de l'ébranlement historique venu de lui jusqu'à nous. Je sais que je passerai ma vie à regarder vers Jésus [...].

Je sens que ce chemin sera long, inattendu parfois, accidenté peut-être. Je sais que je vais vers des horizons nouveaux. Car ce que l'on a dit de Jésus ne me satisfait pas.

Même les traductions actuelles de l'Évangile en termes de théologie politique, de théologie de la libération,

nécessaires et fécondes, n'épuisent pas la richesse foison-
nante des actes, des paroles, de l'être de Jésus.

Je ne suis pas satisfait par les grandes élaborations
théologiques ou spirituelles – variées – du passé. Les formulations conciliaires elles-mêmes me paraissent très
dépendantes de l'équipement culturel d'un temps, qui
conditionnait ses possibilités de viser l'absolu.

Toutes ces formules, toutes ces visions – proches ou
lointaines – me paraissent trop petites pour Jésus ou
bizarrement discordantes avec sa prodigieuse simplicité.
[...]

Mon insatisfaction me fait aussi trouver lourdes les
constructions, j'allais dire les "réductions" théologiques
sur Jésus, qui semblaient parfois s'installer en Dieu pour
tout nous expliquer. "Dieu rit", dit le Psaume. Bien sûr
la question nous poursuivra sans cesse : "Vous, qui dites-
vous que je suis ?" Mais on répond toujours en fonction
des attentes du passé, avec les mots et les concepts qu'il
nous a transmis, alors que Jésus déborde peut-être toute
attente, toute expérience, tout passé...

Les expressions du passé ne me satisfont pas, aujour-
d'hui, pour dire Jésus. Cependant elles ne sont pas cadu-
ques pour moi. Je sais qu'elles sont parlantes dans le
paysage culturel d'une époque donnée : ce paysage culturel leur permet de prendre leur relief significatif, en
même temps qu'il les relativise... Mais cette capacité de
jouer de plusieurs registres n'est-elle pas réservée aux derniers des Mohicans que nous sommes, nous qui portons
– "en des vases d'argile" – plusieurs mondes culturels, et
qui avons connu l'autre berge du gué, avant d'entamer
cet exode nouveau ? [...]

110

Vous allez me dire : Mais il y a tout de même le Nouveau Testament ? Allez-vous maintenir votre insatisfaction devant les Évangiles ?

Que constatons-nous ? Le "Messie", le "Fils de l'Homme", le "Verbe", et beaucoup d'autres termes-clés du Nouveau Testament faisaient partie du vocabulaire et de l'univers mental juif et grec. Comment aurait-on pu dire Jésus autrement qu'en recourant aux mots, aux catégories, aux attitudes mentales et religieuses qui lui préexistaient ? Il sera le nouveau Moïse, le nouvel Élie, le nouvel Adam ; des dizaines de "titres" l'exalteront comme le Messie, le Christ, le Sauveur...

Lui avait pris ses distances par rapport à toutes les définitions disponibles : en est-il venu à accepter qu'on l'appelle Messie et quand ? S'est-il dit Fils de Dieu et en quel sens ? N'a-t-il pas parlé longtemps du Fils de l'Homme comme d'un autre que lui ?

Il vivait, libre par rapport à tout, même par rapport aux institutions religieuses, aux théologies, aux mots. Il invitait à un Royaume, il y invitait par des reflets de vie : "Le Royaume des cieux est semblable à du levain qu'une femme a pris et enfoui dans trois mesures de farine" (Mt 13/33). Il invitait à ce Royaume par ses attitudes, ses actes, son regard : "Bienheureux les pauvres, les doux, les purs, les hommes de paix..."

Jésus ne se souciait guère de son identité. Il n'avait pas de définition de lui-même, de modèle d'identification sociale, de théologie pour "se situer" : au pays des sécurités intérieures, non plus, il n'avait pas "où reposer sa tête"... Il en sera de même, à tout jamais, pour ceux qui voudront le suivre.

Sa liberté, son langage au contact immédiat de la vie, sa distance infinie par rapport à toute théorie le rendent inclassable, hors de l'atteinte de nos logiques, rebelle à nos systématisations. [...]

On va "célébrer" Jésus sur tous les registres : rituel, esthétique, philosophique, théologique, moral. Les hommes, personnes et groupes, investiront sur lui tous leurs besoins et pressentiments d'absolu. Toutes les logiques, depuis celle des enchaînements conceptuels jusqu'à celle de la fantaisie artistique ou du délire affectif, lui conféreront une signification et tenteront de la déployer. [...] En fonction des positions sociales ou politiques, Jésus prendra des traits différents : aujourd'hui même, quelle galerie de portraits ne ferait-on pas de lui, à travers la vaste palette des groupes chrétiens !...

Nous sommes à l'une de ces demi-saisons historiques où les formes anciennes s'éloignent, où le paysage présente un relief nouveau, où l'homme voit se modifier sa démarche sociale, politique, artistique, intellectuelle, religieuse. Dans un grand étonnement du monde et de lui-même.

Avec Jésus, il faut aussi revenir vers l'étonnement, vers l'impossible en deçà de ce qu'est devenu Jésus depuis Jésus : pour partir à sa rencontre dans un paysage culturel nouveau, et aussi parce que l'attention vive à quelqu'un en revient toujours au regard muet sur la pure présence... Ceux qui aiment en reviennent toujours au silence et à son intensité débordante. [...]

On ne peut pas en rester là, direz-vous. Il faut tout de même savoir qui est Jésus. Il y a des questions autour desquelles le débat séculaire s'est noué. On ne peut pas échapper à la plus cruciale : Jésus est-il Dieu ?...

Si Jésus est un être « unique », ne faut-il pas le traiter comme tel, et refuser de l'enfermer dans des concepts ?... Peut-on enclore Dieu ? N'est-ce pas une manière de nous rassurer, d'apprivoiser "Celui qui sera Celui qu'Il sera" ? En affirmant que Jésus était Dieu, ne l'a-t-on pas récupéré, réintégré dans des cadres familiers ? N'a-t-on pas "domestiqué", si j'ose dire, sa redoutable nouveauté ?

On a divinisé Jésus en l'identifiant à Dieu, en rabattant sur lui l'idée de Dieu dont on disposait, alors qu'il fait éclater définitivement toute manière humaine de concevoir Dieu...

Jésus est-il Dieu ? J'ai envie de répondre que Jésus est Dieu, mais plus et autrement qu'on ne l'a dit, d'une manière qui nous échappera toujours... Dieu sera toujours autre que nos conceptions, nos mots, nos gestes. Notre Dieu n'égalera jamais "Dieu"...

Jésus est Dieu, si nous nous prêtons à l'irruption de Dieu en lui, si nous laissons la communication de Dieu se faire dans notre rencontre avec lui.

D'ailleurs, Jésus n'a pas cherché principalement à attirer l'attention sur lui : il invitait au Royaume dont il annonçait l'imminence, il appelait à la vigilance inventive, il entraînait les hommes dans la rencontre plus vraie, plus libre, de son Père et de leurs frères... La parole balbutie lorsqu'il s'agit de Dieu, et sa rencontre est toujours vie et amour. »

Après les derniers mots de l'exposé, il y eut quelques instants de silence. Puis les applaudissements. Furent-ils longs, chaleureux ? Je ne m'en souviens pas. L'assemblée dut faire mouvement vers un autre lieu. Je n'eus guère de réactions exprimées. Seulement des regards profonds qui s'attardaient sur moi : ils me portaient, mieux que des paroles, l'écho de mon « témoignage ».

En me croisant au retour de la communion, durant la messe du soir, un professeur de théologie murmura : « Merci. » Il avait les larmes aux yeux.

Je n'allais pas tarder à retrouver mes interrogations en participant à beaucoup de rencontres à travers la France : je n'étais pas le seul à voyager avec Jésus...

*

L'une de ces rencontres me fit faire un constat surprenant et me donna à réfléchir pour longtemps. C'était dans la belle abbaye de La Bussière, près de Dijon. Nous étions réunis pour un dimanche d'échanges et de réflexion : cent vingt à cent quarante personnes, d'âges variés, depuis de grands lycéens jusqu'à de jeunes retraités. Thème : « Les visages de Jésus dans la culture contemporaine ». C'était encore l'époque où Jésus « revenait » jusque sur les tréteaux des théâtres. Beaucoup s'émerveillaient des gospels, de Jésus superstar ; d'autres n'y voyaient qu'une mise en scène des rêves hippies ; d'autres encore en dénonçaient la fadeur démobilisatrice en des temps où certains chrétiens s'engageaient dans les luttes syndicales et politiques.

Je fis, le matin, l'exposé qui m'avait été demandé en

essayant de présenter la galerie contrastée de ces Jésus et d'analyser les dynamismes variés que l'on pouvait apercevoir derrière ces « visages ». En conclusion, je proposai à l'assemblée de former de petits groupes pour poursuivre la recherche et préparer le débat de l'après-midi. C'est alors qu'un homme d'un certain âge se leva et s'adressa à moi avec vigueur : « Mon Père, au cours de votre conférence, vous n'avez jamais dit que Jésus était l'Homme-Dieu. Je vous demande d'affirmer votre foi... » Je lui répondis que le thème de mon exposé n'appelait pas de ma part une confession de foi, mais que j'acceptais volontiers sa demande. J'ajoutai qu'avant de répondre à sa question j'aimerais bien que les participants puissent réfléchir à son interrogation au cours des travaux de groupe, et s'exprimer en début d'après-midi. Je l'assurai que je ne me déroberais pas et que, dans l'échange avec tous, je donnerais ma réponse. Ma proposition fut acceptée.

L'avais-je faite pour fuir l'abrupt de la question et me donner du temps ? Avais-je pensé que le débat m'apporterait de quoi réfléchir plus profondément et me permettrait d'intervenir d'une manière plus nuancée ? Avais-je voulu ne pas répondre sur-le-champ, en position d'autorité, pour que le débat puisse s'ouvrir entre tous ? Peut-être ces motivations étaient-elles mêlées.

Durant la fin de la matinée et le déjeuner, les conversations furent très animées. En début d'après-midi, tout le monde se retrouva dans la grande salle et les rapporteurs des petits groupes présentèrent le bilan des travaux.

Au fur et à mesure des interventions, on voyait apparaître trois positions. Un tiers environ des participants déclaraient ne pas pouvoir répondre à la question posée : ils ajoutaient que la question ne les atteignait guère ; pour eux, l'important était de garder l'Évangile comme référence vivifiante et de chercher à suivre Jésus. Était-il Dieu ou non ? Ils ne savaient pas, mais il était leur guide. Un autre tiers affirmait vigoureusement que Jésus était Dieu : on sentait chez ces personnes une grande assurance, une adhésion sans problèmes aux dogmes et aux prescriptions morales de l'Église. Le dernier tiers voyait aussi en Jésus Dieu incarné, mais dans un tout autre climat : pour ces femmes et ces hommes, Dieu en Jésus appelait sur un chemin toujours ouvert où il fallait inventer la vie, trouver réponse à de nouveaux défis, chercher à faire grandir la justice et l'amour. On sentait qu'une affirmation commune de la divinité de Jésus, dans ces deux derniers tiers, recouvrait des attitudes et des visées très distantes : pour les uns et les autres, était-ce le même Dieu, le même Jésus ?

Vint mon tour de parler. Je fis d'abord quelques remarques sur chacun des termes de l'expression « Homme-Dieu ». Pourquoi mettre une majuscule à « Homme » ? Jésus n'était pas une abstraction, c'était un homme qui avait vécu en Palestine, qui avait annoncé le Royaume de Dieu, qui avait été vers les malades, les pauvres, les exclus : ses initiatives, plus encore que ses paroles, firent se dresser des ennemis qui décidèrent sa mort. Et « Dieu » ? Que recouvre ce monosyllabe ? Si nous posons sur Jésus une conception grecque de Dieu – immuable, impassible, distant –, comme nous sommes loin du Dieu de Jésus qu'il nous a dit d'appeler Notre Père ! Ne sommes-nous pas en train de le défigurer, de blasphémer ? Le Dieu de Jésus n'est pas celui des philosophes grecs ou de la religiosité spontanée, il n'est même pas le Dieu rigoriste de certains courants de la société juive du premier siècle. Jésus remanie profondément les manières dont on regardait vers Dieu et dont on s'inspirait de lui dans la vie personnelle et collective. Avec lui, il faut réviser notre idée de l'homme et notre « idée de Dieu ». Si nous confessons la divinité de Jésus, sommes-nous prêts à reconnaître « Dieu » dans le charpentier de Nazareth qui ébranle l'ordre établi, qui fréquente les pécheurs, qui proclame les Béatitudes ? Notre Dieu est-il ce Dieu risque-tout qui descend dans la rue ?

Ensuite, je fis constater que les « titres » donnés à Jésus, dans le Nouveau Testament, étaient nombreux, et qu'on pouvait déceler une évolution, durant les premières décennies des origines chrétiennes. Certains textes le présentent plutôt comme un homme que Dieu a élevé et fait asseoir à sa droite : ainsi dans le premier discours de Pierre, dans les Actes des Apôtres, et dans d'autres passages considérés comme les témoins de la christologie « ascendante ». D'autres, plus tardifs, particulièrement l'Évangile de Jean, le désignent comme le « Verbe incarné » : christologie « descendante ». Il y a aussi des expressions qui conjuguent la communication et une certaine distance entre Dieu et Jésus : il est « l'image du Dieu invisible, le Fils de l'homme, le Fils de Dieu ». Cette dernière formule n'a jamais été utilisée par Jésus lui-même : dès l'Ancien Testament, elle était appliquée à des prophètes, au Peuple de Dieu ; elle indiquait une relation à Dieu, une mission reçue de lui... Je terminai en disant ma préférence pour ces formules variées,

117

respectueuses du mystère de Dieu et de l'humanité de Jésus. J'aimais dire de lui qu'il nous offre le visage humain de Dieu.

Malgré les applaudissements qui exprimèrent les remerciements de l'assemblée, au terme de ce dimanche, je ne sais pas dans quels sentiments repartirent les participants ni quelles furent en eux les suites de ce débat. Pour moi, dans le train qui me ramenait vers Paris, et durant de longues années, il allait se poursuivre. Que de fois une question, un échange ont provoqué en moi une prise de conscience, des remises en question, un désir accru d'aller plus loin dans l'étude et la recherche pour mieux connaître les origines du christianisme. À la recherche de Jésus.

*

Il existe dans l'Église de France un Service « incroyance et foi », attentif au dialogue entre les chrétiens et les non-chrétiens. Ce Service organisa en novembre 1979 une rencontre qui rassembla à Chartres une centaine de délégués des diocèses de France. J'y fus invité, ainsi que le Père Jossua, en observateur. Nous devions assister silencieusement aux travaux et faire part de nos remarques, le dernier jour, dans un exposé.

En écoutant les échanges entre les participants, j'avais constaté que leur dialogue avec les « incroyants » les avait fait beaucoup évoluer. Je choisis comme sujet de mon intervention : « Le déplacement dans la foi et dans l'Église ». J'eus le sentiment d'une adhésion chaleureuse, quasi unanime. Une incertitude cependant : il y avait dans l'assemblée un évêque et un cardinal dont les visages restaient impénétrables.

Dans le débat qui suivit, le cardinal me demanda comment je pouvais rester dans l'Église, en exprimant mes distances par rapport à l'orthodoxie. Je lui répondis que l'Église était ma famille, et qu'on demeure toujours de sa famille, même si l'on est en désaccord avec certains de ses membres.

L'évêque, qui est devenu depuis cardinal, m'interrogea sur le contenu de la foi. Me revint en mémoire l'axiome théologique très classique de saint Vincent de Lérins (cinquième siècle) que je citai en latin : « Quod semper, quod ubique, quod ab omnibus creditum est » (Ce qui a été cru toujours, partout, par tous). J'ajoutai une interrogation : « Quel sera le contenu de la foi orthodoxe, si on examine la tradition chrétienne en lui appliquant ces trois critères, à l'aide des connaissances historiques dont nous disposons aujourd'hui ? » L'évêque resta sans réaction.

Cette journée, les échos que j'en reçus de la part de beaucoup de personne, accompagnèrent longtemps mon voyage avec Jésus.

*

En 1985, le responsable de la formation permanente des prêtres d'un grand diocèse m'invita à une session sur « L'incroyance, l'indifférence et la foi ». Il m'écrivait : « La mal-croyance n'est pas extérieure à nous-mêmes. Du dogme, il y a la part que l'on peut assumer et celle qu'on ne peut pas assumer. On peut vivre en l'Église sans accepter la totalité de ses dogmes. » Il souhaitait que je donne mon témoignage « sous forme concrète et personnelle, et avec l'humour en plus ! »

Je me souviens de mon appréhension dans le train qui me conduisait vers le lieu de la réunion. Pourquoi avoir accepté cette rencontre où je risquais de troubler des participants ou de susciter des réactions pénibles ?

Une quarantaine de personnes m'écoutèrent dans un silence intense. Je déclarai que j'étais hérétique, mais pas schismatique. Je les fis sourire lorsque j'ajoutai : « Si le cardinal Ratzinger – le préfet de la Congrégation de la foi – me convoquait à Rome et m'accusait de ne pas être fidèle à l'orthodoxie, je ne nierais pas, je reconnaîtrais que je suis hérétique. Mais je lui dirais : "Et vous, êtes-vous sûr de ne pas être hérétique ?" L'hérétique, selon l'étymologie grecque, c'est celui qui fait un tri : qui peut se vanter de n'avoir pas "choisi" dans la foi reçue ? »

Je ne fis pas le détail de mes hérésies pour ne pas dépasser le temps qui m'avait été donné : je précisai seulement mes distances par rapport aux dogmes qui revêtent le Pape et la papauté d'une autorité venue de Dieu.

En évoquant mes homélies, mes articles, mes interventions variées, je fus amené à dire que je me référais volontiers à Jésus et à son Évangile, mais que je faisais silence sur beaucoup de croyances transmises par l'Église.

Après mon exposé et avant les questions, l'animateur proposa que chacun des participants exprime sa position. Surprise : parmi les quarante prêtres, trente-huit dirent qu'ils « choisissaient », eux aussi, et qu'ils restaient silencieux en beaucoup de domaines ; deux confièrent qu'il leur arrivait parfois de dire ce qu'eux-mêmes ne croyaient plus, « tellement les gens attendent ces paroles... ».

Je constatai qu'une liberté cheminait dans la conscience de beaucoup mais qu'un discours traditionnel pouvait continuer de fonctionner sans en être affecté.

*

Mars 1988. Accident cardiaque. Hospitalisation. Dans la salle de soins intensifs, je réalise paisiblement qu'une page vient de se tourner dans ma vie. Une liberté légère m'envahit. La prochaine séquence de mon existence – la dernière ? – est commencée. Pour combien de temps ? Il va falloir abandonner beaucoup d'activités et de participations. J'envisage sans tristesse de prendre distance, de partir vers un certain vide... Je pressens qu'il ouvrira un espace nouveau à l'étude, à la réflexion, à la prière, et qu'il me conduira peut-être vers une plus grande liberté intérieure.

Depuis cette rupture brutale, je suis à la retraite, en « retrait », et je continue de tâtonner sur le sentier. Je le perçois plus clairement encore qu'en 1985 : je suis hérétique. Le temps est loin où j'utilisais les « notes théologiques » apprises au cours de mes études pour éviter ou nuancer ce constat. Je suis hérétique, mais je ne suis toujours pas schismatique.

Chaque jour, je pense à Jésus, et souvent je réfléchis à l'impossible bilan des vingt siècles « chrétiens » : malgré de cruelles infidélités, quelle immense aventure de sainteté et d'amour, particulièrement dans le petit peuple de Dieu ! Jamais on n'a cessé de prononcer le nom de Jésus, même si l'on transmettait l'Évangile comme une « lettre scellée ». Avec le petit livre, l'Église propose la parole qui la bouscule, la met en question et l'appelle sans cesse à se réformer. Je regrette que ses responsables ne laissent pas percevoir cette précarité. Le langage suffisant de beaucoup de hiérarques me fait de plus en plus sursauter : comment peuvent-ils ainsi « borner » Dieu, se présenter comme ses porte-parole et ses fondés de pouvoir ? Ont-ils jamais eu le vertige devant son Mystère ?

Que d'idoles, que d'images taillées – concepts, théories, prescriptions... – seront à renverser. L'avenir verra des « réinterprétations » inconcevables aujourd'hui. Je me remémore volontiers les phrases de saint Thomas : « L'objet de la foi n'est pas ce que l'on peut énoncer, mais la réalité », et encore : « L'acte du croyant n'a pas son terme dans ce qui peut être énoncé, mais dans la réalité ». Vers la « réalité », jusqu'où nous conduira l'exploration des « forêts de symboles » qu'habitent le langage et la pensée ? Un certain agnosticisme d'attente et d'espérance élargit ma respiration intérieure. En traversant le « ruisseau de feu » de la culture contemporaine, que de vêtements brûlés ! Mais en abordant sur la rive nouvelle, Jésus nous murmure : « Je suis le chemin. » C'est le chemin millénaire d'Abraham dont l'épître aux Hébreux (chapitre 11) nous dit : « Il partit sans savoir où il allait. » Un écrivain chrétien des premiers siècles commente : « C'est parce qu'il ne savait pas où il allait qu'il était sur le bon chemin. »

Saint Thomas, en un siècle de quasi-unanimité chrétienne, avait l'audace d'affirmer : « Le fait même d'exister, tel que nous l'appréhendons dans le créé, nous devons le nier de Dieu. » Il constate que notre esprit demeure alors dans une sorte de « confusion », et il ajoute magnifiquement : « C'est avec cette ignorance, propre à un être en route, que nous sommes le mieux unis à Dieu. » Ne faudrait-il pas devant Jésus avoir la même retenue, au lieu de si vite enfermer son mystère dans nos formules dogmatiques ? Est-ce sa fréquentation qui m'a rendu hérétique ?

Ce soir, comme chaque jour, je goûterai la joie de célébrer l'eucharistie avec quelques chrétiens. Je suis heureux quand je rejoins l'assemblée de la paroisse pour une cérémonie. L'hérétique n'est pas schismatique, il souhaite seulement que soit reconnu un droit au désaccord et qu'une diversité soit admise.

Suis-je devenu un « libre penseur chrétien » ? La liberté n'est jamais un acquis, elle est toujours ouverte devant nous. La liberté de pensée est onéreuse : elle peut entraîner suspicion, mise à l'écart, jugements sévères autour de soi ; elle l'est aussi à l'intérieur de soi, car elle est arrachement, tâtonnement, solitude, insécurité. On n'a jamais fini de devenir libre, jusqu'à l'heure d'ouvrir des mains nues dans l'ultime abandon. « Libre penseur chrétien » ? Reste encore à constater qu'on n'a jamais fini d'avancer dans la pensée... et de devenir chrétien !

*

À la lecture de ce livre, certains me classeront-ils parmi les rationalistes, les positivistes, les modernistes ? Quelques-uns verront-ils ressurgir ici ou là les vieilles hérésies de l'antiquité chrétienne ? Ce serait sans doute donner trop d'importance à des pages qui reflètent un itinéraire individuel. À savoir, cependant, s'il n'est pas le chemin intérieur sur lequel tâtonnent beaucoup de chrétiens silencieux ?

On me conseillera de lire les œuvres élaborées par de grands théologiens depuis les années 1930. Je ne les ignore pas. Je garde pour eux une vraie reconnaissance. J'admire toujours, et je fréquente, ces belles constructions de l'intelligence chrétienne. Elles sont édifiées sur les expressions de la foi que l'on rencontre dans les premières générations de croyants, au premier siècle. Je sais que ces expressions sont, dans une mesure difficile à préciser, des « interprétations » à l'aide des ressources culturelles et religieuses de l'époque. Sont-elles fidèles à l'étonnement premier ? Peut-on les considérer comme valables et porteuses de sens aujourd'hui ? Je voudrais sonder les fondations : je ne peux pas renoncer à chercher Jésus de Nazareth en deçà des Christ de la foi.

Recherche à jamais insatisfaite ? Oui, sans doute, mais les incertitudes et les interrogations qui demeurent, et que j'accepte, ne m'empêchent pas de regarder vers Jésus, d'être atteint par la prodigieuse nouveauté vivante qui rayonne de lui, j'aurais envie d'écrire : qui « explose » en lui. Je suis fasciné par cet éclair qui a déchiré le ciel du monde antique et qui dessillera toujours les yeux de femmes et d'hommes en recherche de la vraie vie.

Je voudrais que des mots d'aujourd'hui balbutient devant cette lumière unique. Je voudrais surtout que la déflagration de l'heureuse nouvelle ébranle sans cesse les consciences, les mouvements de société, même lorsque le nom de Jésus est oublié ou inconnu.

III.

Un être d'horizon

Où en suis-je du « Voyage » ? J'ai beaucoup évoqué des rencontres qui ont jalonné le chemin. Je n'ai guère parlé des livres qui accompagnèrent et orientèrent ma recherche. Ce sont surtout des œuvres d'exégètes et d'historiens. Je ne saurais dire leur nombre et il serait trop long d'exprimer ma reconnaissance à chacun de ces guides savants rencontrés sur la longue route.

Reste à faire le point. Les pages qui suivent ne seront guère anecdotiques, elles seront peut-être – sans doute – d'une lecture moins facile pour le lecteur aimable qui m'a suivi jusqu'ici. Je ne vais pas lui présenter un exposé continu, rigoureusement construit, qui aurait l'allure d'une synthèse... illusoire. On ne fait pas la synthèse d'une aurore, on ne fait pas la synthèse de Jésus. Je vais plutôt balbutier, au rythme syncopé de la méditation, à travers paroles et silences.

*

En 1966, j'ai lu le livre de René Maheu, *Civilisation de l'universel.* L'auteur était directeur général de l'Unesco. Deux paragraphes de l'un des discours recueillis dans cet ouvrage sont restés pour moi un phare alors que notre monde traverse tant d'événements cruels et ténébreux. Je les relis et les cite souvent Les voici, quelque peu allégés :

« Il est bon [...] que ceux qui, ayant choisi le service d'une institution, ont du même coup décidé d'engager leur action sur le plan historique, affrontent les yeux grands ouverts cette hallucinante inanité de l'histoire... Ce spectacle de la prodigieuse déperdition qui marque toutes les tentatives humaines est un test des plus salutaires. [...] »

Après avoir défini l'Unesco comme l'« Organisation de l'espoir », il continue : « Si l'on nous dit que cet espoir de justice, de paix et de fraternité n'est lui-même qu'un songe [...] nous pouvons répondre que nous acceptons que nos vies soient faites de l'étoffe de ce songe-là. Mais, plus véridiquement, nous voulons déclarer que l'homme en qui nous croyons et à l'avènement de qui nous travaillons [est] celui d'un futur dont l'accomplissement est dans la même transcendance au devenir que la conscience à la nature. Un "être d'horizon" [...]. »

Je ne voudrais pas avoir l'air de « récupérer » ces phrases stimulantes par lesquelles un grand acteur de la vie

130

internationale exprimait sa foi en l'homme, mais il me faut dire que la dernière expression – « un être d'horizon » – me fait toujours penser à Jésus. Pour moi, il est cet être qui nous a fait apercevoir un instant ce que pourrait être l'humanité. Lui aussi vivait en des temps bouleversés et violents, et il montrait, en actes autant qu'en paroles, l'humanité enfin humaine, faut-il dire « divine » ? Combien avait-il de millénaires d'avance ? Sans doute toute l'étendue de l'histoire sera-t-elle nécessaire pour avancer vers cet horizon et accueillir l'accomplissement de tant d'efforts et de douleurs, au lendemain du dernier jour.

*

J'essaie de profiter des travaux qui permettent de mieux connaître la société dans laquelle vécut Jésus, et le judaïsme de l'époque, si divers que certains parlent de judaïsme*s*. Jésus était juif, un juif. Il est faux de camper sa singularité face à un judaïsme considéré comme monolithique et légaliste.

S'il n'est pas possible d'écrire une biographie de Jésus, on sait qu'il apparut dans le mouvement baptiste, qu'il annonçait le Règne de Dieu et l'évoquait en paraboles, qu'il faisait des exorcismes et des miracles comme signes de l'arrivée de ce Règne, qu'il invitait à intérioriser la Loi dans l'amour, qu'il demandait de pardonner et d'aimer les ennemis, pour être les fils du Père qui est aux cieux. Les historiens peuvent étudier les controverses avec les pharisiens, le conflit avec les sadducéens et le Temple, la distance avec les esséniens, tout ce qui concerne le procès et l'exécution. Si l'on ignore beaucoup encore, il est vrai aussi que l'on sait de plus en plus. Peut-on préciser la « nouveauté » de Jésus et de la « voie » qu'il ouvrait dans la grande diversité des courants de la société juive ? Historiens et exégètes – juifs, chrétiens, indépendants – poursuivent une recherche qui n'est pas close.

Un exégète et théologien protestant peut l'écrire : « La quête du Jésus historique le soustrait à l'imaginaire des croyants, elle le pose comme une figure résistante, autre, à distance... Elle inflige une blessure permanente à la tentation idolâtrique de s'approprier le Christ. »

La source est en deçà de son jaillissement.

*

Je retrouve souvent, avec un étonnement toujours renouvelé, la première parole de Jésus quand il part sur les chemins : « Le Royaume de Dieu est là ! » Il faut évoquer le climat de la société juive au début du premier siècle de notre ère pour percevoir la force de cette annonce étrange. Elle est brève, impérative, comme une sommation : finis, les siècles de déception sous la domination étrangère, finie, l'attente épuisante ! Après les potentats fantoches et les pontifes corrompus, Dieu lui-même va conduire son peuple... On imagine mal, à vingt siècles de distance, le brûlot que cette annonce jetait parmi des populations enfiévrées. L'originalité de Jésus est de proclamer que le Royaume n'est plus à attendre de l'avenir et d'événements extraordinaires : il commence avec lui, dans l'humble vie quotidienne.

Une littérature ardente attisait les aspirations et les rêves. C'est en cette nuit traversée de lueurs que Jésus, après Jean le Baptiste, déclare que Dieu va surgir. L'approche obscure est terminée. Arrivée imminente ? Non ! C'est aujourd'hui. Urgence absolue : il faut changer d'esprit, opérer des retournements, c'est la révolution générale. L'annonce retentit comme ces proclamations de victoire ou de naissance royale que clamait un héraut sur la place publique : un « Évangile », une grande et belle Nouvelle ! Dans les bourgades de Galilée, le cri d'alerte de Jésus est le premier « éveil ».

Que de fois, au cours de son itinérance, il racontera des paraboles nocturnes, le retour du maître, l'arrivée de l'époux : « Gardez votre lampe allumée, veillez... » Celui qui est là peut arriver à tout moment. Éveil permanent, toujours à activer. Les disciples seront des êtres éveillés, des veilleurs en toute nuit.

À quelle lucidité Jésus appelait-il ses compatriotes ? Quelle humanité nouvelle voulait-il éveiller ? Les premiers écrits chrétiens – le Nouveau Testament – vont raconter, rapporter, évoquer. Nous n'entendrons pas la voix du Maître, nous en écouterons les échos à travers la foi des éveillés du premier siècle, qui furent à leur tour des éveilleurs pour leurs contemporains et les générations à venir. Exégètes et historiens nous font remarquer que ces écrits, divers, sont des « interprétations » : en fonction des lieux, des situations, des cultures, en référence

aux Écritures sacrées d'Israël, ils veulent donner sens à
la vie à partir de ce qui a été vécu aux jours de Jésus.
Les échos ainsi répercutés ne sont pas identiques : la
transmission et l'écoute elles-mêmes ont transformé,
adapté, élaboré. Il faudra donc prêter l'oreille aux résonances variées, ne pas isoler telle formule, être attentif à
une tonalité, pour entendre aujourd'hui Jésus Éveilleur,
au creux des échos successifs.

*

Je m'émerveille de la nouveauté provocante de Jésus.
Il n'était pas le premier à annoncer le fameux Royaume
attendu de beaucoup. On avait vu se dresser d'autres
éveilleurs, ardents nationalistes, autour desquels une
flambée messianique avait entraîné la répression romaine
sanglante. Ce n'est pas la restauration politique d'Israël
qui met en route Jésus. Il éveille ceux qui l'écoutent à
aller d'abord vers eux-mêmes, vers leur intériorité, vers
leur « cœur », bien au-delà des comportements exté-
rieurs, de la considération sociale, des observances et des
pratiques... L'homme vit plus profond, dans cette
pénombre où se cachent les intentions. Celui que Jésus
éveille n'aura jamais fini de découvrir et de mettre en
œuvre cette humanité mystérieuse. Le premier et perpétuel pèlerinage se fera à l'intime de soi, vers le lieu obscur
où l'on entend peut-être Dieu frapper discrètement à la
porte invisible.

La Torah (la Loi) demeure, mémoire du passé,

lumière pour le présent et l'avenir. Certains en faisaient une interprétation d'un légalisme pointilleux, d'autres l'adaptaient aux circonstances. Jésus, lui, appelle à en accueillir l'esprit. Dans son regard, je n'aurai jamais fini d'apprendre ce qu'est l'homme, d'apprendre à devenir un homme. Jusqu'en l'âge avancé où le vieux Nicodème ruminait la parole incroyable : « Nul, s'il ne renaît... » Où, quand, comment, si ce n'est en cette origine permanente où souffle le vent, la brise, du perpétuel instant créateur ?

Désormais l'appel à aimer – Dieu, le prochain – résume, condense, oriente toute la Loi, et suscite un unique élan qui veut unifier tout l'être jusqu'en ses racines obscures. Aurai-je jamais répondu à cette invitation ? Il faudra toujours s'éveiller à sa démesure. Et refuser tous les assoupissements : la pratique anesthésiante des observances et du culte, la soumission aveugle aux autorités, la recherche avide de l'argent et des sécurités matérielles.

*

Le chemin intérieur que nous ouvre Jésus n'enferme pas dans la subjectivité, bien au contraire. L'éveil n'est pas seulement éveil à soi-même, la recherche n'est pas d'abord celle de l'harmonie intérieure. Le regard vers le « cœur » fait rencontrer les autres, il met au jour une lucidité qui ravive l'esprit de la Loi, bien au-delà des conduites repérables. « Celui qui regarde une femme avec convoitise... » L'appel à respecter et à aimer surgira dans l'inattendu de la rencontre, sur le chemin de Jérusalem à Jéricho. À l'instant de présenter mon offrande, je me souviendrai que mon frère a quelque chose contre moi, et j'irai d'abord me réconcilier avec lui. L'amour devient la « clef de lecture » de la Loi et la déborde. Le sabbat ne dressera aucune barrière devant l'initiative aimante : Jésus guérit sans attendre la fin du jour saint... La Loi n'est pas abolie, elle est recentrée, elle retrouve son inspiration : Jésus l'« accomplit ».

Il déchire les inconsciences paresseuses : pour changer la vie, il nous éveille à des capacités inconnues : « guérissez », « libérez »... comme si nous disposions d'une humanité endormie. Comme si nous pouvions faire surgir, ici et là, aujourd'hui même, un monde divin, le « Royaume de Dieu ». Il nous offre même le pouvoir de réparer la communauté, de la recréer. Pardonner « soixante-dix fois sept fois » ? Nous ne sommes plus dans la casuistique et ses calculs, nous sommes invités à pardonner sans limites ni prudence, comme le Père qui fait briller son soleil sur les bons et sur les méchants. Jouer à Dieu ? Irons-nous jusqu'à lui dire : « Pardonne-nous comme nous pardonnons ! », prétendre lui donner l'exemple et lui enseigner son « métier » de Dieu ?

Jésus n'a pas été le premier à inviter au pardon, mais il va beaucoup plus loin : « Aimez vos ennemis. » On se frotte les yeux, la lumière de cet éveil est trop vive. Mais il nous est proposé d'être « parfaits comme votre Père céleste ». Pardonner, aimer l'ennemi, ne serait-ce pas usurper ou accueillir une prérogative divine ? Y eut-il jamais plus haute ambition sur les pauvres hommes que nous sommes, sur l'avenir des peuples si souvent bouil-

lonnants d'agressivité ? Qu'arriverait-il si l'amour devenait un jour l'énergie motrice des initiatives humaines ?
L'ai-je accueilli comme la sève de ma vie ?

*

Jésus a invité les hommes à s'aventurer vers leur profondeur, il veut libérer en eux une humanité à créer et recréer,
il leur montre un Dieu surprenant, inadmissible pour
beaucoup. Déjà les prophètes, ces éveilleurs de jadis,
avaient raillé le primat donné au culte et réclamé la justice
et le droit. Avec Jésus, on change encore de Dieu : au nom
de Celui qu'il appelle « Abba, Papa », le prophète de Nazareth n'exerce pas le jugement des pécheurs, piètres prati-
quants du culte ou de la Loi, il leur offre la miséricorde
inconditionnelle. Il s'invite à leur table, il descend chez
Zachée, il raconte l'histoire de la brebis perdue.

Que vont devenir les vieilles peurs sacrales si le Père
du ciel devient si proche et tend la main à tous ceux qui
ne s'enferment pas dans une suffisance aveugle ? Va-t-on
le suivre qui sait où, au-delà des horizons que les hommes construisent et reconstruisent pour s'abriter du vent
de l'Esprit ? C'est vers ce Dieu aimant et humble que
Jésus s'enfuit sous le ciel de nuit quand on veut le faire
roi ; c'est son silence qu'il interroge à l'approche du supplice, en jetant en lui son espérance. Jésus n'explique pas
le mystère du mal, mais, de toutes ses forces, il lutte
contre toutes les dégradations, individuelles et collectives, pour la guérison et la libération de l'humanité.

Il n'a pas guéri tous les aveugles, il n'a pas libéré tous les esprits aliénés, il n'a pas révélé à tous le Royaume de Dieu présent. Il a donné des signes de la nouveauté en marche, il a semé le grain. Et il s'est extasié parfois de ce qui se passait autour de lui, comme étonné de la force qui sortait de lui. S'éveillait-il à lui-même ?

Un jour, selon Matthieu, Jésus va plus loin que jamais dans l'éveil et l'appel à la lucidité : « J'ai eu faim et tu m'as donné à manger. » Quand donc ? Qui est ainsi déguisé, identifié à tout être de besoin ? Le Fils de l'Homme, le Roi, Jésus ? Importe surtout de savoir que les gestes les plus élémentaires – donner à manger et à boire, accueillir l'étranger, vêtir, visiter le malade et le prisonnier... – atteignent aussi Celui qui ne fait nombre avec personne et qu'aucune désignation n'enferme, l'Ineffable. Réveillons-nous : il est devant nous, il habite les visages, les multitudes, l'effort vers la justice et la paix, les grandes aspirations qui fermentent comme levain dans les foules en marche. Un Dieu incognito, si proche. Le Compagnon actif et discret de mon voyage.

*

Ces aperçus sont un survol rapide et abstrait du foisonnement d'actes, de paroles, d'attitudes qui nous bousculent et nous réveillent, au long des Évangiles. À en reprendre la lecture toujours surprenante, des constats et des questions s'imposent.

Les différences entre les textes suffisent à le montrer :

nous n'accédons pas aux faits bruts, aux paroles telles qu'elles ont été prononcées. Les récits veulent nourrir la foi. Ils se réfèrent aux Écritures, subtilement, pour donner sens. La restitution du passé préoccupe moins leurs auteurs que le présent à transfigurer et l'avenir à faire entrevoir. La pratique historienne de notre siècle n'est pas celle des premiers prédicateurs et écrivains, disciples de Jésus. Est-ce Jésus Éveilleur que nous rencontrons ou les éveilleurs qu'il a éveillés ? Je me pose souvent la question.

Les échos qui nous parviennent dans le Nouveau Testament ont été répercutés différemment en fonction des situations, des urgences, des visées pratiques ou théologiques. On constate la « liberté des agents de la transmission » comme aussi leur « fidélité foncière » au message global, à la nouveauté de la pratique de Jésus. Ce sont des « croyants » en Jésus vivant qui « n'hésitent pas à reformuler, à retoucher, voire à créer », comme l'écrit l'exégète strasbourgeois Jacques Schlosser.

À Jérusalem, à Antioche, à Ephèse, auprès de Jacques, de Pierre, de Paul, on vivait différemment dans la mémoire de Jésus. Certains historiens parlent de « christianisme pluriel », ou même de « christianisme*s* ». Partout, dans les premières communautés, on trie, on adapte, on construit. On parlerait aujourd'hui d'« inculturation ».

L'éveil n'est pas répétition, il est vivant. Luc ou Matthieu ne vont pas copier Marc, même s'ils le connaissent. Le constat s'impose : Jésus n'a pas laissé des écrits, mais des hommes. Le tombeau est vide, l'Esprit est partout.

J'aime ces incertitudes. Elles aussi réveillent, stimulent

la recherche, invitent à modeler à notre tour l'argile de la vie. Que veulent dire les paroles : « Si vous ne devenez comme des enfants... », « Rendez à César ce qui est à César et à Dieu ce qui est à Dieu », et tant d'autres ? Les commentaires s'amoncellent, l'interprétation est sans cesse à poursuivre, on n'enferme jamais un ferment.

Il faudra aussi s'interroger sur les dérives, les récupérations, les accommodements aux intérêts, aux idéologies, aux prétentions des pouvoirs. On a pu, avec les paroles de feu de Jésus, prêcher la résignation aux désordres établis. L'Éveil a pu servir à endormir. Mais la vigilance, le débat, l'interrogation accompagneront toujours les éveils, les réveils successifs. Jésus est mon Éveilleur chaque jour.

Autre question troublante : l'Éveilleur lui-même, qui était-il ? Peut-on savoir ? Jésus n'était ni prêtre, ni scribe, ni docteur de la Loi. Le Nouveau Testament le présente à travers une palette de titres variés. A-t-il jamais déclaré son identité ? Selon les exégètes, il fut un prophète, ou un personnage charismatique, ou un messie, ou un sage, ou encore un réformateur... Et s'il était tout cela sans qu'on puisse avancer dans la précision ? Si un halo entourait et dérobait cette silhouette unique ? Si sa question : « Qui dites-vous que je suis ? » demeurait ouverte pour les siècles, si elle était remise aux hommes, à l'avenir ?

Depuis quelques décennies, on a redécouvert qu'il était juif, un juif parmi les juifs. Les chercheurs n'ont pas fini de scruter sa judéité et son enracinement dans la société juive de son temps. Ils montrent comment ses paroles et ses actes prennent leur relief en se référant au passé et au présent d'Israël. Les uns tendent à réduire l'originalité de son œuvre, d'autres insistent sur la nouveauté de son bref passage et de l'éveil durable qu'il opéra... N'est-il pas l'héritier des prophètes – Amos, Osée, Isaïe, Jérémie, Ézéchiel..., et Jean le Baptiste – en prolongeant leurs avancées successives et en les dépassant pour atteindre une incandescence d'Esprit inégalée ? Le débat n'est pas clos et alimentera la conversation heureusement renouée entre les Églises et le monde juif. Au « temps du mépris » succède enfin celui de l'écoute et de l'amitié.

En cette charnière de siècles et de millénaires, on dépouille les « manuscrits de la mer Morte », on prête une attention nouvelle aux œuvres de Josèphe, on étudie les écrits juifs entre l'Ancien et le Nouveau Testament, on examine les Targums et le Talmud : la connaissance de la variété du monde juif progresse et permet de mieux situer Jésus et les communautés de ses disciples.

L'étude, complexe, de la vie des premières générations chrétiennes est aussi en plein développement. On constate que l'attention s'est focalisée sur Jésus, le « Christ » : on l'a invoqué dans la prière et célébré dans le culte. On donnera bientôt plus d'attention au Messager qu'à son Message. Sa mort et sa résurrection vont fasciner – Paul, par exemple – plus que les épisodes et les paroles de sa vie libératrice. L'Annonceur est devenu l'Annonce. Les immenses débats philosophiques et théologiques sur son identité feront parfois oublier sa provocation à changer de vie, à changer la vie. À travers les cauchemars des controverses, à qui profitait ce « sommeil dogmatique » ?

*

Le dialogue qui s'amorce entre les religions va sans doute conduire, contraindre, à scruter aussi les énoncés successifs de la foi chrétienne en essayant de dégager leur signification dans les contextes qui ont provoqué et conditionné leur formulation. On a souvent répété ces affirmations comme si elles étaient intemporelles, alors qu'elles dépendaient des modes de pensée et d'expression d'une époque, du « croyable » disponible, des possibilités de visée de l'absolu en un temps donné. Le Pape Jean XXIII n'a-t-il pas déclaré dans son discours d'ouverture du Concile Vatican II : « Autre est le dépôt lui-même de la foi... et autre est la forme sous laquelle ces vérités sont énoncées » ?

Cette nécessaire relativisation – qui n'est pas relativisme – concernera tous les interlocuteurs, qu'ils soient chrétiens, juifs, musulmans... Elle semble lointaine, risquée. L'impossible d'aujourd'hui sera peut-être la lumière de demain. L'examen des diverses « christologies » du Nouveau Testament n'ouvre-t-il pas déjà ce chantier historique ?

Quelles nouveautés de vie, de pensée, de langage sont-elles en train d'éclore dans la rencontre entre le christianisme d'Occident et les peuples d'Asie, d'Afrique, de partout ? En nos pays de vieille tradition chrétienne, que va devenir le levain de l'Évangile, que dira-t-on de Jésus dans les cultures en train de s'élaborer ?

*

Une interrogation demeure en moi : qu'est devenu l'Éveil, qu'est devenu l'Éveilleur au cours des deux millénaires « chrétiens » ? Comment s'est-on référé au Message et au Messager ? Les historiens des événements, des institutions, des mentalités, de la vie quotidienne, de l'art, de la spiritualité, de la théologie, du culte, et aussi les sociologues, les psychologues, les psychanalystes, les anthropologues, enrichissent sans cesse le dossier – la bibliothèque – de ces recherches.

Puis-je risquer quelques constatations globales, insuffisamment nuancées ? Jésus fut parfois utilisé pour légitimer les pouvoirs et cautionner leurs abus (croisades, inquisition, droit divin des rois, guerres de religion, irrespect des consciences, etc.). On l'a enrôlé au service des puissants, des morales oppressives, des entreprises de domination. Plus que l'Éveilleur de la liberté responsable, il a été souvent le fantasme dans lequel se sont projetées les déficiences individuelles ou collectives. La variété du recours utilitaire à Jésus est sans limites. Comment a-t-il été possible de tant le trahir ? Jusque dans les Églises qui prétendent au monopole de sa représentation...

Mais je constate aussi que des multitudes de femmes et d'hommes – les saints célébrés et d'innombrables personnes modestes et ignorées – se sont éveillées, s'éveillent chaque jour à la voix de l'Éveilleur et des éveilleurs qu'il a suscités, pour dévouer leur vie et inventer à leur tour de nouveaux évangiles. Cette parole étrange : « Celui qui croit en moi fera lui aussi les œuvres que je fais : il en fera même de plus grandes parce que je vais au Père » (Jn 14/12) trouve sa vérification tout au long de l'histoire. Celles et ceux qui ont mis leurs pas dans la grande démarche de Jésus ont parfois, semble-t-il, été plus loin que leur Maître. Un exemple menu, impressionnant : Jésus avait touché un lépreux, François d'Assise en baise un sur la bouche ! Des circonstances autres, des urgences nouvelles entourent la créativité des disciples qui dépasse l'imitation, car le vent de l'Esprit souffle où il veut et nul ne sait où il va... L'Éveilleur ne proposait pas un code ni des chemins balisés. Il éveillait, il éveille les hommes à leur humanité : à eux de la découvrir, de la déployer, de l'inventer. Où en suis-je de cette création à moi confiée ?

*

Je pense fréquemment à tous ceux que l'écho de la voix de Jésus a fait se dresser, hors des Églises et parfois contre elles. Aucune institution n'a pu enfermer Jésus et il y a toujours eu des femmes et des hommes qui ont regardé vers lui, à distance des appartenances confessionnelles dominantes. Depuis quelque trois siècles en Occident, philosophes, écrivains, hommes de théâtre et de cinéma, penseurs sociaux en recherche de vie nouvelle, ont scruté les Évangiles et la nouveauté apportée par Jésus. Au cours du siècle qui vient de finir, on a vu des penseurs marxistes, à distance des interprétations religieuses, découvrir la permanence et l'actualité de Jésus dans la vie et la culture profonde des sociétés. Pour citer seulement quelques noms : Ernst Bloch, Gardavsky, Machovec, Kolakowski...

Ce dernier, grand historien de la culture européenne, craint que le déclin des Églises n'entraîne « une décadence de la signification historique de Jésus ». Il invite les chrétiens à « concentrer leur attention sur les trésors spirituels unis au nom de Jésus ». Ne faudrait-il pas souhaiter aussi, en ce millénaire commençant, que des groupes de femmes et d'hommes, libres par rapport à toute institution et orthodoxie religieuses, cherchent à recueillir les échos de la belle Nouvelle pour de nouveaux éveils ? Je souhaite que Jésus ne soit plus enfermé dans les lieux sacrés et les institutions qui prétendent détenir l'exclusivité de sa représentation. Alors il partira de nouveau sur les chemins éveiller une humanité plus humaine. Inépuisable incarnation... Et beaucoup murmureront peut-être avec Unamuno : « Dis, frère, de quoi vivons-nous, sinon du songe de ton âme ? »

Jadis, durant la nuit, dans les ténèbres des villes de Castille, le « sereno » parcourait les rues en chantant à haute voix l'heure et le temps qu'il faisait, et en alertant de l'approche du jour. Ainsi Jésus dans les obscurités de l'histoire. Aujourd'hui, quelle est l'urgence, vers quels retournements nous appelle l'amour, en qui reconnaîtrons-nous notre prochain, où Jésus nous attend-il dans la profondeur de l'être et à fleur de visage ?

*

J'éprouve parfois un léger trouble devant le cours de mes pensées. J'écris « léger », car, à dire vrai, il n'entame pas ma paix. Pourquoi cependant un « trouble » ? Parce que je mesure la portée négative que l'on peut donner à mes réflexions. Ne suis-je pas en train d'accepter en moi, de provoquer peut-être chez d'autres, une perte incommensurable ? Si je n'ose plus affirmer que Jésus est « Dieu qui a pris chair », ne vais-je pas appauvrir tragiquement la foi en lui, et même le regard que le croyant peut poser sur l'homme, « capable de Dieu », selon le mot superbe de certains écrivains chrétiens des premiers siècles ?

Comme le monde et la vie étaient illuminés lorsqu'on reconnaissait Dieu lui-même dans le « divin enfançon » de la crèche, dans le charpentier de Nazareth, dans le héraut du Royaume, dans le passant qui guérissait, libérait, rendait vie ! Si Dieu venait en personne vers les pécheurs, les demi-fripouilles, les filles de joie, les perclus de corps et d'âme, s'il risquait sa vie – oui ! risquait sa vie – pour ouvrir la voie vers un monde d'amour, s'il mourait dans l'horrible supplice, quelle harmonie majeure venait donner sens, orienter nos existences, transfigurer nos souffrances, raffermir nos énergies ! Renoncer à l'« Incarnation », n'est-ce pas éloigner Dieu à distance infinie, le perdre ? L'art chrétien voit soudain s'éteindre sa lumière intérieure ; les édifices majestueux des grandes œuvres théologiques ne sont plus qu'architectures logiques abstraites, parfois délirantes, sans appui dans la réalité ; les ferveurs qui ont suscité tant de dévouements et parfois d'héroïsmes s'exaltent dans le vide... Perte sans recours ?

Peut-être cette « perte » qui nous prive des certitudes du passé nous fait-elle approcher obscurément une réalité invisible, indicible, inconcevable, rebelle à toute formulation et définition. Dans la recherche et la marche vers l'Ultime, pouvons-nous jamais nous arrêter et considérer comme définitives les croyances, les liturgies, les institutions ? Même si le paysage est resté longtemps immobile et répétitif, vient un jour où la route monte pour franchir l'horizon vers l'inconnu. Le chemin sera rude, on regardera souvent en arrière, mais l'Absolu appellera toujours en avant. Après la stabilité rassurante des unanimités croyantes durant les « siècles de foi », il faut passer des seuils qui semblent tout mettre en péril. Était-ce la même énergie intérieure qui nous a fait parcourir les plaines grandes ouvertes et qui nous pousse maintenant sur les sentiers de montagne ? Difficile de répondre. Ce qui est sûr, c'est qu'il faut s'alléger, renoncer à ce qui paraissait jadis indispensable : il ne restera plus bientôt que le désir et l'attente. Tout le reste n'était peut-être que projection anticipatrice, bagage du pèlerin.

Lorsque j'ai ressenti, vers 1970, que je changeais de pays, je faisais parfois de la « théologie hypothétique ». C'est surtout dans le train que je me livrais à cet exercice : les champs et les villages défilaient à la fenêtre, j'étais dans une parenthèse de mon emploi du temps. Les roues tournaient à grande vitesse et aucun point du cercle métallique ne s'arrêtait un instant sur une parcelle de rail... Fallait-il être ainsi nulle part pour me détacher intérieurement ? Je me demandais ce que devenait ma foi si j'enlevais de l'édifice doctrinal tel ou tel dogme, par exemple celui de l'Assomption de Marie, et je constatais qu'elle n'était pas ébranlée. Ma foi devenait voyageuse, mais elle demeurait.

La phrase de Michel de Certeau m'accompagne : « Le secret de Dieu augmente dans son approche. »

*

Ce soir-là, vers 1975, un savant professeur dont j'estime beaucoup la rigueur intellectuelle m'avait invité à dîner dans un petit restaurant parisien. Nous parlions de travaux récents sur Jésus. Était-il possible de le connaître, au terme de tant de recherches des historiens ? Il eut cette parole qui m'a longtemps taraudé : « On ne peut rien savoir. » Je n'ai pas osé lui demander de préciser. Il est indéniable qu'on ne peut pas faire une biographie de Jésus, ni fouiller sa psychologie, mais n'aperçoit-on pas à travers les Évangiles, à leur source, des initiatives perturbatrices, un esprit nouveau, l'épicentre d'un séisme d'humanité ? Depuis cette soirée, je me suis affronté à cette parole tranchante dont je ne savais pas le sens exact. Elle fut en moi très féconde. Où en suis-je aujourd'hui ?

Jésus nous échappe. Après plus de deux siècles de recherches et de débats entre historiens et entre exégètes, le constat s'impose : nous n'avons pas un accès direct à sa personne, car les écrits de Paul et des évangélistes témoignent avant tout de leur foi, sans avoir le souci d'exactitude historique qui est aujourd'hui le nôtre. Par-delà la haute crête de la foi des premières communautés chrétiennes, Jésus demeure presque inconnu.

Impossible de l'identifier définitivement à l'un des titres qui lui ont été donnés par ces croyants. On l'a dit Messie (Christ en grec). Fils de Dieu, Fils de l'Homme, Nouveau Moïse, etc., mais on sent, on sait, que ces appellations correspondent aux schémas, aux attentes, aux capacités explicatives d'une culture, qu'elle soit juive ou grecque. Les spécialistes situent ces termes et ces doctrines dans des contextes historiques qui ne sont plus les nôtres. Et c'est aussi le moment où beaucoup de nos contemporains – même des enfants du catéchisme – marquent une distance par rapport à ces formules-verrous. La coïncidence est significative : les habitants de notre monde, et tout spécialement ceux en qui s'ébauche la culture de demain, sentent que ces mots sont prisonniers du passé.

On a pu en privilégier certains comme s'ils totalisaient les manières de dire Jésus, comme s'ils rendaient parfaitement compte de son identité. En deçà de ces formules datées reste l'origine, ce nom si simple très répandu parmi les juifs du premier siècle, dont les syllabes douces ont conservé une humble pureté : *Jésus*...

*

Ma recherche est-elle vouée au vertige devant un abîme infranchissable ? Jésus est-il inaccessible ? Même si exégètes et historiens ont renoncé depuis longtemps à écrire des « vies de Jésus », même si des incertitudes subsistent sur la teneur de telle parole ou de tel récit, l'impact de son message et de ses initiatives au milieu des réalités sociales et religieuses de son temps demeure fascinant.

Le jeune artisan de Nazareth annonce que le « Royaume de Dieu » tant attendu est en train de surgir : il guérit des malades, il libère des possédés, il donne place aux exclus, il pardonne en plein vent, il parle d'aimer jusqu'aux ennemis. Au cœur de son peuple, il fait exister un commencement de monde, un goût nouveau d'être humain.

Les lois, les rites, les coutumes perdent de la rigidité dans laquelle certains les avaient figés : il s'agit avant tout d'aimer. Le Temple lui-même n'est plus un absolu. Le prophète galiléen avance, libre par rapport à sa famille, aux pouvoirs, à Dieu même. Sa nouveauté – la « Bonne Nouvelle » – est dans sa foi en celui qu'il appelle « Père » avec une fréquence qui lui est personnelle. Il dit et montre la bonté prévenante de ce Père qui vient au-devant de tous les enfants prodigues. Nous sommes au-delà de toutes les prescriptions, de tous les déterminismes, de toutes les convenances. Au-delà même du religieux. L'amour est toujours à inventer. Il

150

est la source intarissable de la liberté qui fermente en toute culture, en toute humanité. N'est-ce pas là qu'éclôt, au cœur de la judéité de Jésus, son universalisme ? N'est-ce pas dans sa manière si libre d'être juif qu'il est le frère de tout homme ?

Face aux traditions pesantes et aux crispations identitaires, quelle libération, quel éveil ! Jusqu'à l'approche de la mort où il dit tout dans l'humble geste de partager le pain et d'offrir la coupe de vin...

Jésus a recentré, orienté, intensifié l'héritage vivant des traditions d'Israël : dans la lignée judaïque, éclatée en plusieurs écoles, il a voulu ouvrir une « voie » pour rénover son peuple et l'inviter à des accomplissements. En discontinuité avec d'autres courants, en continuité vive avec les avancées lumineuses du passé, qui chantaient en sa mémoire nourrie des Écritures.

Ses disciples n'auront jamais fini d'entendre son appel à rester vigilants, à transfigurer d'amour toute relation, à ressembler au Père qui donne soleil et pluie aux bons et aux méchants.

On pourrait continuer d'évoquer, de condenser, de transformer en doctrine. Mais l'Évangile ne se résume pas. Les formules des philosophes et des théologiens restent à distance abstraite. Il y aura toujours plus dans le récit du retour de l'enfant prodigue que dans les commentaires. Les paraboles ne sont pas réductibles à une explication : elles sont à détente multiple. Nous sommes habités par ces histoires de rien, elles nous « travaillent », nous ne serons jamais quittes avec elles. Quant aux conduites et aux actes de Jésus, ils font pâlir toute tentative de systématisation : c'est – pour toujours – de la vie qui fermente, une lumière inattendue. Reste à se laisser déranger. Chaque jour.

*

Je le perçois de plus en plus : Jésus n'a pas laissé un code moral ou juridique. Il a laissé un cri d'alarme, une inquiétude fertile, un appel d'air. On n'aura jamais fini de chercher à changer la vie, à changer le monde. S'il nous avait laissé un modèle de société, des prescriptions précises, une loi détaillée, toute cette construction serait restée dépendante de son temps, et lui-même se serait éloigné dans le passé.

Il ne s'est pas attardé à organiser, légiférer, définir. Il a ouvert une voie, il a allumé un feu, il a jeté le levain, le sel, la semence. Il n'a même pas laissé d'écrits – seulement des hommes. Reste à avancer sur le chemin. Après un horizon, un autre horizon... Le terme est-il encore loin ? Aucune précision. À marcher derrière lui, à porter en moi les mille éclats de ses paroles comme des blessures vivifiantes, je découvre toujours. Les exégèses – historico-critique, symbolique, psychanalytique, féministe, narrative, etc. – se succèdent, s'éclairent mutuellement. D'autres interprétations se feront jour. La lecture est infinie. Elle accompagnera, elle produira un ébranlement interminable, une activité sismique toujours présente dans les profondeurs des consciences personnelles et des collectivités.

*

Je sais bien qu'un être ne se révèle pas totalement à travers son existence, ses paroles et ses actes. Les historiens eux-mêmes savent que la connaissance d'une personne, le sens d'une vie, la portée d'une œuvre s'explicitent avec le temps, dans l'arborescence des interprétations. Mais toutes sont-elles fidèles, exactes et définitives ? Que de projections peuvent se livrer à des constructions sans rapport avec l'origine ! Les jeux de l'arabesque peuvent oublier le motif initial...

Lorsque des formules semblent perdre leur signification et leur validité au contact de cultures nouvelles, n'est-il pas légitime, nécessaire, d'opérer des tris, de chercher une découverte et un langage neufs ? Difficile passage dont nous vivons les lenteurs, les obscurités, les hésitations. L'« œuvre au noir... »

Mais alors, si beaucoup de désignations de Jésus, d'images et d'élaborations doctrinales s'éloignent de nous jusqu'à devenir insignifiantes, et même à faire écran entre nombre de personnes et lui, comment rendre compte de son irruption modeste et immensément féconde ? Et que dire des lenteurs, des fragilités, des retombées du renouveau de vie qui rayonnait de lui ?

Je pense à cet être insolite que l'on voit parfois apparaître dans l'évolution des espèces : le mutant. Il est de la lignée des vivants qui l'ont précédé, mais quelques particularités le rendent différent. C'est à peine si on le remarque parmi ses compagnons, mais il fait exception.

On pourrait le croire anormal, inadapté. Va-t-il survivre ? En réalité, il est l'annonce et l'amorce de l'avenir. Mais la route sera longue, à travers des millénaires d'essais, d'erreurs, de tâtonnements, d'avancées précaires...

Jésus est ce « mutant » en qui naît une humanité plus fragile que celle des nouveau-nés. Était-il le plus sage des sages, le plus visionnaire des prophètes ? Connaissait-il des moments d'exaltation, d'élan utopique, comme s'il habitait deux mondes, comme si le passé toujours présent et quelque avenir en espérance se heurtaient en lui ? Peut-être... Difficile, impossible de pénétrer sa psychologie. Mais une mutation commençait en lui. Il en a été brisé : les puissants de la vieille humanité ont éliminé le déviant... Cependant, la force mystérieuse de la vie ne renonce pas et la mutation s'obstine, obscure et vivace... Elle diffuse vers les extrémités de la terre, vers les extrémités de l'humain... dans les cercles variés où l'on prononce le nom de Jésus, et bien au-delà.

Les analystes de la culture européenne et mondiale mettent au jour les élans qui procèdent de lui et leur fécondité toujours actuelle. La soif de justice, le désir de solidarité, la volonté de construire la paix hantent de plus en plus les consciences. L'exaltation de la force, le prestige de la richesse, l'orgueil de la puissance n'exercent plus les fascinations de jadis. Les images d'un Dieu voyeur et vengeur sont refusées, et on cherche d'autres révélations du cœur secret des univers...

Je suis de plus en plus sensible à l'opacité archéologique de beaucoup de titres, de concepts, de doctrines. Et que dire des appareils institutionnels qui se prétendent mandatés par Jésus ? Je souhaite qu'un jour ils renoncent à tant d'anachronismes de structure, de fonctionnement, de pensée, qui sont des survivances des époques théocratiques et ne portent plus aujourd'hui l'écho vivant de l'Évangile. Je leur suis reconnaissant de nous avoir transmis les petits livres – source de la Nouvelle Alliance. Ils ont suscité les saints. Ils raniment sans cesse nos vies. Ces pages de feu et celui qu'elles désignent contestent en même temps toutes ces constructions « humaines, trop humaines » qui prétendent en détenir le sens définitif. À quand l'ébranlement, la mise en marche, dans la mutation accueillie ?

*

Ces interrogations, ces mises en question, cette importance accordée à l'histoire, ne vont-elles pas me faire « perdre la foi » ? Ne suis-je pas tenu à respecter l'héritage des premières communautés chrétiennes ? La diversité de ces communautés, perceptible à travers les différences entre les Évangiles par exemple, nous le montre : l'époque fondatrice, que les croyants considèrent comme normative, atteste la créativité variée, et non l'uniformité. Et pourquoi absolutiser et considérer comme intemporelles des formulations, des fonctions, des pratiques qui sont étroitement dépendantes de leurs matrices culturelles ? Au-delà des significations immédiates, quels étaient les enjeux religieux, mais aussi sociaux et politiques ? Quelles conceptions de Dieu et de l'homme étaient ainsi véhiculées ? Des chercheurs sont au travail sur ce chantier. À quelles révisions nous conduiront leurs découvertes ?

. La vraie Tradition – transmission – ne sera pas de répéter, mais de traduire, de rénover, de recréer, en des contextes neufs. Ce ne sera jamais fini.

*

Je l'avoue : j'éprouve le besoin d'un certain agnosticisme devant la personne de Jésus. Par infini respect. L'attitude agnostique n'est pas refus de savoir, mais humilité dans la connaissance, attente désirante. La « théologie négative » vient toujours rappeler l'insondable mystère de Dieu et l'infirmité de tous nos discours sur lui : je souhaiterais de même qu'une « christologie négative » tempère les affirmations qui se croient sans appel devant le silence de Jésus.

Ce n'est plus en lavant des pieds poudreux qu'on est aujourd'hui serviteur avec Jésus ; personne ne songe, pour célébrer l'eucharistie, à reprendre ses paroles en araméen lors de la Cène ; telle doctrine qui fait de Jésus une victime expiatoire pour apaiser la colère divine fait se cabrer les consciences... On pourrait multiplier les exemples. La fidélité invite à innover sans cesse en actes, en paroles, en pensée...

Avoir « foi » en lui, c'est suivre sa silhouette entraînante. Perdons-nous Jésus parce que nous ignorons beaucoup ? S'il avait fourni toutes précisions dans les formes d'agir et de penser de son époque, son message serait révolu et sa personne reléguée dans un passé lointain. Paradoxalement, c'est parce qu'il est presque inconnu qu'il est toujours contemporain de l'humanité en perpétuel travail d'enfantement.

*

Je souhaite que la liberté de conscience et le droit au désaccord soient reconnus jusque dans le domaine des croyances. Mais ne vais-je pas accroître le trouble et les tensions dans la crise radicale que traverse l'Église, particulièrement en France ? Ne vais-je pas déstabiliser des croyants fragiles ?

Il y a longtemps qu'à l'occasion de débats, de conférences et de conversations j'ai pris conscience de ce risque. Le verset du livre de Jérémie qui exprime la vocation du prophète n'a jamais quitté ma mémoire. Dieu l'établit « pour déraciner et renverser, pour bâtir et planter ». Difficile équilibre.

En mettant en question certaines expressions de la « foi » héritées d'un passé plus ou moins lointain, reste à déceler et proposer leur sens profond. Je me suis aperçu souvent qu'en livrant sereinement le contenu de ma conscience, sans cacher mes hésitations, mes doutes, mes distances par rapport aux formulations de jadis, je libérais beaucoup de personnes et leur ouvrais des chemins. Sur ces chemins, on retrouve toujours la belle liberté de Jésus.

Quelles décantations s'imposeront pour que nos

contemporains, et particulièrement les adultes de demain, perçoivent la nouveauté de la Belle Nouvelle ? Ils ne seront attentifs que si une véritable invention de vie se produit au cœur des villes et des villages, dans l'existence si bouleversée de notre monde. Que seront les initiatives de l'amour qui ranimeront le ferment évangélique ? Alors on trouvera les mots comme les trouvèrent en leur temps les hommes qui avaient pris la « voie » étonnante du charpentier de Nazareth.

*

J'en étais à poursuivre ces réflexions lentes quand j'ai reçu la visite de mon ami André, un heureux grand-père. Il m'a raconté qu'il avait fait visiter l'église de son village à sa petite-fille. Elle l'interrogeait sur les statues, quand ils s'arrêtèrent devant saint Joseph, l'enfant questionna : « Qui c'est ? » Le grand-père répondit : « C'est saint Joseph, le mari de la sainte Vierge... » Il y eut un silence, puis la petite – huit ans et demi ! – prononça : « Il faudra bien, un jour, tirer cette affaire au clair ! »

En écoutant le grand-père, un souvenir déjà lointain a ressurgi dans ma mémoire. C'était vers 1960. Un petit groupe de normaliennes se réunissait parfois dans mon bureau pour échanger sur l'Évangile. Ce jour-là, premier dimanche du Carême, nous parlions des tentations de Jésus au désert. Marie-Jeanne – seize ans – déclara en souriant : « Je ne crois pas ce que raconte ce récit... Jésus était trop humble : si tout ça était vraiment arrivé, il ne l'aurait pas dit... » Durant la semaine, j'avais lu un article d'un exégète espagnol qui invitait, lui aussi, à dépasser la lecture « au premier degré » de ce texte. Ce n'était pas pour le motif que présentait Marie-Jeanne. Il expliquait comment ce récit avait été construit avec de fines allusions aux traditions d'Israël pour montrer que Jésus allait accomplir le véritable Exode, la Pâque définitive... Une adolescente rejoignait sans le savoir les avancées d'un savant professeur.

Pendant les quarante ans qui séparent les réactions de la fillette et de l'adolescente, j'ai vu de pareilles questions descendre l'échelle des âges. Je les ai rencontrées successivement dans la conversation avec des étudiants, puis avec de plus jeunes, et aujourd'hui, elles sont sur les lèvres des enfants du catéchisme. J'ai constaté aussi l'étonnante convergence entre ces interrogations naïves et celles qui nourrissent les recherches des spécialistes, comme si des exigences profondes de la culture contemporaine faisaient surface en même temps, sous des formes variées, chez les spécialistes et chez les êtres jeunes qui pressentent l'avenir.

On aurait pu accueillir ces mises en question, il y a un siècle et plus, à travers les travaux des exégètes et des historiens que Rome condamna en les qualifiant globalement de « modernistes ». Je pense au mot de Dominique Dubarle, brillant dominicain philosophe et scientifique, qui déclara un jour en ma présence : « En voulant régler par voie d'autorité les problèmes posés à l'époque du "modernisme", l'Église s'est privée de la miséricorde de l'histoire qui fait apparaître cinquante ans à l'avance, dans des cercles restreints, ce que seront un jour les questions du grand nombre. » Les cinquante ans sont passés, et le grand nombre, allergique aux réaffirmations anachroniques, s'éloigne de l'Église. Ne risque-t-il pas de s'éloigner aussi de Jésus ?

On parle beaucoup dans l'Église catholique de « proposer la foi ». Mais quelle « foi » ? Quand constatera-t-on que tout un système de croyances constitue pour beaucoup un écran qui les empêche peut-être de donner leur « foi » à Jésus ? C'est pour eux, et pour la liberté de tous que je voudrais voir reconnaître un droit au désaccord dans le monde chrétien.

*

Durant l'automne 1999, un synode des évêques d'Europe a rassemblé des délégués des épiscopats des divers pays. Le 7 octobre, le cardinal Martini a fait une intervention qui m'a paru libératrice. Hélas, elle est restée sans écho dans cette assemblée. Ce jésuite, homme d'une haute compétence, archevêque de Milan, a pris la parole, pour présenter trois « rêves ». Voici le troisième : « Répéter de temps en temps, au cours du siècle qui s'ouvre, une expérience de rencontre universelle entre les évêques qui permette de défaire certains des nœuds disciplinaires et doctrinaux qui réapparaissent périodiquement comme des points chauds sur le chemin des Églises européennes, et pas seulement européennes. »

Des « nœuds disciplinaires et doctrinaux » ? Il n'a pas dit seulement « disciplinaires », il a dit aussi « doctrinaux ». Qui sait, peut-être ne suis-je pas aussi hérétique que je le pense ? Ou peut-être ne le suis-je qu'en rapport avec une orthodoxie d'aujourd'hui qui pourrait bien être réinterprétée demain, quand on considérera, en Europe et ailleurs, dans le passé et le présent, la différences des contextes culturels et qu'on acceptera une diversité des expressions du christianisme ? Serais-je un « hérétique provisoire » ? Mais pour combien de siècles ?

On va m'accuser d'être bien prétentieux mais j'ai envie d'écrire une énormité : si Jésus revenait, ne serait-il pas un hérétique permanent ?

*

J'aime raconter le rêve que fit, une nuit, un écrivain chrétien des premiers siècles. Des myriades d'oiseaux voletaient sous un filet tendu au-dessus du sol. Sans cesse, ils tentaient de s'envoler, heurtaient le filet, et retombaient par terre. Ce spectacle était accablant de tristesse... Mais voici qu'un oiseau, jeune et vigoureux, s'élança à son tour : quand il se cogna contre le filet, il s'obstina à lutter avec les mailles, et soudain, blessé, couvert de sang, il les rompit et s'envola vers l'azur. Un cri strident s'éleva parmi le peuple des oiseaux. Dans un bruissement d'ailes innombrables, ils se précipitèrent, à travers la brèche, vers l'espace sans limites.

L'oiseau ensanglanté, c'est Jésus. Tout au long de ses chemins, au milieu de son peuple, il avait annoncé une vie « autre », illuminée par la bonté de Dieu et l'amour entre les hommes. Dans les bourgs de Galilée, au bord du lac, par les rues de Jérusalem et jusque dans le Temple, on avait senti la vibration d'une existence nouvelle. Une allégresse inconnue.

Dans une société cloisonnée, il allait vers les pauvres, les malades, les méprisés et les exclus. Il faisait tomber les barrières que dressent l'argent, les préjugés, la suffisance des puissants. À tous il annonçait, par ses actes autant que par ses paroles, la tendresse du Père des cieux. Au nom de ce Père dont il disait la bonté, il avait ébranlé toute une société jusqu'en son armature sociale, morale et religieuse : le charpentier de Nazareth voulait bâtir un monde si neuf où tous auraient leur place !

Pour cette création nouvelle, il en appelait au tréfonds de l'homme, à son cœur, bien au-delà des projets politiques, de la réforme des mœurs, des liturgies sacrées. Il invitait à se relever, à « ressusciter », à renaître à la source même de la vie. Un bonheur inconnu flottait autour de lui : on allait enfin devenir humain, comme si Dieu se mêlait à la foule...

La peur, la haine, la violence de tous ceux qu'il dérangeait s'étaient liguées pour l'anéantir : on l'avait crucifié. Ses ennemis le narguaient : cette fin pitoyable montrait bien qu'il n'était pas l'envoyé divin. Dieu aurait-il pu laisser maltraiter et exécuter le Messie ? Mais lui, dans les affres du supplice, demandait au Père de pardonner à ses bourreaux, avant de remettre entre ses mains son être exténué : il changeait la vie et la mort mêmes en gestes d'amour !

Ses amis ne tardèrent pas à sentir que Jésus était plus que jamais « vivant » en Dieu et auprès d'eux et que, en donnant sa vie, il avait ouvert à jamais le chemin d'avenir. Il était celui que les Écritures avaient annoncé discrètement, ce Serviteur malmené qui donne sa vie pour les multitudes. Il était ce grain dont lui-même avait dit qu'il devait mourir en terre vers les moissons futures...

Aucun triomphalisme dans les récits des « apparitions » de Jésus : il ne vient pas fasciner les foules ni confondre ses adversaires. Il n'apporte pas de révélations sensationnelles sur l'au-delà. L'aube au petit matin, la pénombre de l'auberge d'Emmaüs, une silhouette sur la berge : la présence de Jésus est discrète. Le message aussi est discret mais ferme : le tombeau n'a pas le dernier mot, les pouvoirs abusifs ne triomphent qu'en apparence, la mort du juste n'est pas un échec mais une brèche à travers laquelle on aperçoit la véritable humanité, l'humanité de Dieu.

Aujourd'hui, dans notre monde anxieux où tant de femmes et d'hommes subissent violence, injustice, mépris, que nous dit Jésus en son silence ? Il nous dit que « l'homme est possible », que nous voyons son visage sur la face de tous ceux qui dévouent leur vie, que le Père est avec toutes celles et tous ceux qui peinent sans se décourager. À la suite dure et splendide de l'oiseau ensanglanté.

*

Tous les soirs, en semaine, dans la paix du jour qui s'en va, j'aime retrouver quelques amis pour célébrer l'eucharistie. C'est l'heure d'Emmaüs... La petite cave en voûte, transformée en chapelle par mon frère Georges il y a cinquante ans, nous accueille. Il fait bon se retrouver, s'embrasser, échanger des nouvelles. Des dames aux « doigts verts » portent des bouquets. Les fleurs font chanter leurs couleurs. Les flammes des nombreuses bougies s'élèvent, vivantes. Ce sera fête pour les enfants de se précipiter, à la fin de la messe, pour les souffler.

Grâce au magnétophone placé dans un coin discret, l'*Ave verum* de Mozart, un negro spiritual, un chœur russe ou le *Veni Creator* font éclore le silence. Nous voici recueillis, déjà partis vers la profondeur de nos vies et du monde. Nous allons commencer par faire le signe de la Croix, « au Nom du Père, du Fils et du Saint Esprit ». Je prononce ces mots : que signifient-ils ? Je ne le sais pas exactement. Nous ne sommes plus dans le langage et le vocabulaire qui correspondent aux objets, aux personnes, aux réalités de l'existence humaine. Nous sommes « vers »... Nous sommes plus loin que dans les immensités interstellaires ou que dans les espaces intra-atomiques. Au-delà de ces vertiges, bien au-delà de nous et peut-être bien près...

Où sommes-nous ? Nous sommes sous la vieille voûte à la courbe maternelle, avec les fleurs à la beauté éphémère, devant les flammes claires des bougies, et nous redisons des mots qui sont des signes, des appels, des pressentiments. Chacun d'eux pénètre en nous pour nous orienter, faire naître une attitude. Ces termes se réfèrent à notre expérience pour évoquer l'ineffable : reste à les prononcer en respectant leur inaptitude à bien dire, car ils veulent seulement, humblement, désigner ce qui est d'un autre ordre. Quel rapport – ressemblance, différence, analogie ? – ont-ils avec l'« Absolu » (ce mot signifie « délié », délié de tout) ? J'ignore. J'aime cette ignorance qui me dit aussi ma « juste » place. La messe commence à peine, et, dès les premiers mots, mon agnosticisme s'ouvre en moi, serein.

On va chanter le *Gloria* : « Gloire à Dieu au plus haut des cieux... » Certaines paroles ne me parlent guère aujourd'hui, mais je connais leur histoire, je peux les « interpréter ». Elles sont comme ces expressions conservées dans les familles et que l'on aime reprendre quand on se rencontre, en signe de continuité vivante et souriante avec nos aïeux. Et puis, il y a le chant. À propos des prières jetées chaque jour dans la « boîte à lettres de l'infini », Victor Hugo a écrit : « Votre prière en sait plus long que vous. » Notre chant aussi en sait plus long que nous et que les mots qu'il transporte.

Vient la prière appelée l'oraison que le prêtre prononce à haute voix, au nom de tous. Elle contient souvent des expressions qui datent d'une époque lointaine et d'une sensibilité qui n'est plus la nôtre. Ces anachronismes spirituels n'étaient guère perceptibles quand on prononçait ces prières dans un latin dont les fidèles écoutaient sans comprendre l'harmonie musicale, mais aujourd'hui je ne peux pas prononcer la traduction française. Les mots s'arrêtent dans ma bouche : impossible de leur faire franchir le « mur des dents ». Alors je simplifie, j'écourte, je cherche à aller à l'essentiel, dans le langage de tout le monde.

Suivent les lectures. Elles sont aussi, parfois, très opaques. Il m'arrive de choisir un autre texte, en fonction de l'assemblée ou même d'une seule personne qui risque d'être choquée. Les « écrivains sacrés » et Jésus lui-même, lorsqu'ils reprenaient des écritures de leurs devanciers, n'hésitaient pas à modifier, à omettre, en fonction de leurs compatriotes et des circonstances. Les périodes « inspirées », que l'on considère comme normatives, attestent cette liberté et nous invitent à la prolonger en des temps nouveaux. Pourquoi avoir tant figé ?

Je n'ignore pas les possibilités de dérive, d'appauvrissement, d'adaptation plate aux modes du jour, mais il y a bien des moyens d'honorer l'exigence de fidélité profonde. Le risque de répéter une parole morte n'est-il pas à redouter plus que les tentatives maladroites pour donner vie au message ?

Je ne prononce jamais le *Credo* : nous ne sommes plus au quatrième siècle. Pourtant, je me surprends à le chanter, solitaire, alors que je suis en train de me raser ou que je roule en voiture. J'aime surtout le *Credo* de la *Messe royale de Dumont*. Comment l'évoquer pour ceux qui n'en connaissent pas la mélodie majestueuse ? Pour ceux qui l'ont chanté jadis dans une vaste assemblée, il suffit de rappeler l'envolée initiale : « Cre-e-e-edo *in* unum Deum... » et la montée en puissance : « Patrem *omnipotentem* facto*rem* caeli et terrae... ». Plus loin, lorsque Jésus-Christ s'incarne, le chant ralentit, se recueille, et semble près de s'arrêter, attendri : « Et homo factus est. » Ensuite on chante qu'il fut crucifié sous Ponce Pilate et qu'il fut enseveli. Mais la foi triomphante éclate en un cri : « Et *re*surrexit, tertia die... » Quand ce *Credo* resurgit, inattendu, dans ma bouche, l'émotion d'autrefois m'envahit. Puissent des chants d'aujourd'hui, avec des mots actuels, avoir des résonances vivifiantes dans la sensibilité et la culture de nos contemporains.

Je ne vais pas m'attarder au détail des prières, des attitudes, des rites. Je note seulement les mentions fréquentes, presque obsédantes, du « péché », au long de ces formules. J'en supprime, j'allège. Je cherche d'autres manières d'évoquer sobrement nos entraves intérieures, nos replis sur nous-mêmes, nos refus, et aussi la violence, le mépris, l'injustice qui gangrènent la vie des peuples et les relations internationales. Je m'efforce d'invoquer, avec Jésus, le Père qui aime, pardonne et recrée sans cesse...

On m'interroge parfois sur la « présence réelle ». Attention ! Le sujet est périlleux... Je rappelle la parole de Jésus : « Là où deux ou trois sont réunis en mon nom, je suis au milieu d'eux. » Deux ou trois, c'est peu. Pour une cérémonie à la synagogue, en ce temps-là, il fallait être au moins dix, des hommes... Avec Jésus, il suffit d'être deux, hommes ou femmes, homme et femme, pour qu'il soit là. Présence réelle. Il s'est voulu présent dans l'assemblée, nombreuse ou minuscule, qui fait corps, qui est son corps comme on disait dès le premier siècle. Ensuite, quand on entend proclamer la Bonne et Belle Nouvelle : « Bienheureux les pauvres, les assoiffés de justice, les artisans de paix... » ou encore :

« Aimez vos ennemis... », n'est-ce pas lui que l'on entend ? Présence réelle.

Avec le pain et le vin, on refait ses gestes, on prononce ses paroles, au soir qui a précédé son arrestation. Jésus n'a pas inventé un rite, il a repris celui de certains repas de groupes de juifs pieux : le président de la table remerciait Dieu pour ses bienfaits dans la nature et dans l'histoire, puis il partageait le pain et faisait circuler les coupes pour que tous s'unissent à son action de grâces. Jésus a intensifié le sens de ce cérémonial, il l'a « surdéterminé », comme disent les gens savants, il lui a donné une portée nouvelle : à son Père et à ses frères il a offert et partagé sa vie... Le pain rompu, distribué, nourrissant, pouvait évoquer la brisure de la mort, la saveur de l'existence nouvelle, la force du message dilatant. Le vin faisait penser au sang, mais aussi à la joie conviviale, au repas final de tous les fils prodigues, dans la maison de Dieu, au Jour qui suivra le dernier jour. Faut-il voir le « corps » sur la patène et le « sang » dans le calice ? Séparer un corps exsangue et le sang versé ? En faisant une lecture platement rationaliste des formules, l'interprétation réaliste touche à l'absurde. « Corps et sang », dans la Bible, c'est la personne tout d'une pièce, fragile, vivante du souffle de Dieu...

Les débats théologiques se sont crispés, en opposant réalisme et symbolisme, comme si le symbole effaçait le réel, comme si la réalité répugnait à porter des significations. Alors que réalité et symbole sont si lumineusement liés. Au long de ces disputes, de ces chicanes, qui hantent encore beaucoup de consciences, on oublie habituellement une autre « présence réelle » dont Jésus a parlé avec une insistance gênante : « Ce que tu as fait au plus petit, c'est à moi que tu l'as fait. » Il ne s'agit pas de cérémonies, il s'agit des pauvres nécessités de la vie : manger, boire, recevoir une visite... Jésus présent dans la rue, à la maison, au travail... le Saint Sacrement exposé !

Alors, qu'est-ce que je fais au moment de la consécration ? Je réponds que j'ai l'audace, uni à tous ceux qui sont là, à tous ceux qui nous précèdent depuis vingt siècles, de redire les paroles de Jésus (saint Paul et les Évangiles les rapportent de manière différente) et de refaire ses gestes. Je n'ajouterai rien. Toute précision, toute construction intellectuelle, toute effusion sentimentale me paraissent appauvrir et souvent déformer la simplicité rayonnante de cet instant à jamais unique.

*

Le premier signal me fut donné, dans le métro, il y a une quinzaine d'années : un jeune se leva et m'offrit sa place. Je le remerciai, m'assis et compris soudain que j'avais changé de saison de la vie. Une tristesse douce s'insinua en moi. Un ciel d'automne...

Je me suis surpris à surveiller, au cours de ma toilette matinale, l'apparition de cheveux blancs. J'ai prêté attention lorsqu'on me disait : « Vous êtes toujours jeune... », puis : « Vous ne changez pas... » La fatigue me visitait plus souvent, mais c'est une vieille compagne et je ne m'en souciais guère. Ce qui m'inquiétait, c'était de voir ma sensibilité s'émousser et perdre de sa spontanéité.

169

Je n'avais plus les émerveillements éclatants qui avaient accompagné ma vie. La nature ne provoquait plus en moi les impressions si fraîches qu'elle m'avait toujours offertes. Était-ce une perte définitive ? Allais-je en vieillissant entrer dans un monde terni ? Faudrait-il faire un effort pour accueillir la beauté d'un brin d'herbe ?

Quelques années plus tard, après un accident cardiaque et trois semaines en hôpital, j'ai connu le printemps de la convalescence. Tout me faisait fête : un vol de papillons durant mes premières promenades, les couleurs chaudes des pierres de mon village, la flotte lente des nuages au ciel. J'assistais, je participais à la naissance du monde. Ma ferveur à vivre me rendait mes émotions d'enfant. J'aurais voulu que cet état de grâce demeure. Après quelques semaines, insensiblement, ces couleurs vives s'estompèrent. Mes antennes intérieures étaient-elles en train de se rétracter ? Une attitude très ancienne, déjà perceptible sur la première photo du bébé que je fus, devint plus vivace : l'étonnement, l'étonnement devant tout ! Il n'est pas permanent, mais il est fréquent et profond : un enfant qui joue, la chatte qui arrive en miaulant, le grand sapin qui me regarde aux jours de solitude peuvent me fasciner soudain comme si le mystère de l'Être, de tout être, s'imposait à moi. « Pourquoi y a-t-il quelque chose plutôt que rien ? » demandent les philosophes.

À partir de cet étonnement, je puis faire réapparaître la « fraîcheur d'impression ». Elle est plus émouvante que jadis. Chaque printemps me paraît le plus beau que j'ai connu. Je m'extasie devant le ballet des pêchers et des pommiers en fleurs. Plus que tout, les visages éclairés par le regard m'émeuvent. Je les sais éphémères, fragiles, changeants. Ils m'apparaissent de cœur et d'âme « repoussés », comme on dit d'un objet qu'il est en « cuivre repoussé ». Mais les visages sont vivants, en perpétuelle éclosion. Pourquoi les sourires ? Vers quel printemps ?

S'éveiller au réel devient parfois volontaire. « Plus que vivre et rêver, le plus important, Mère, c'est de s'éveiller. » La parole du poète Antonio Machado me visite souvent et m'invite à rester en alerte devant la vie, celle des proches, celle du pays, celle, si souvent déchirée et violente, qui surgit sur l'écran de la télévision à vingt heures. La « retraite » entraîne parfois le risque du « retrait ». On peut voir diminuer en soi les capacités d'indignation et se contenter de regarder de loin le « spectacle ». Ne serait-ce pas déjà quitter ce monde ? Ne faut-il pas chercher à participer, encore et toujours avec les possibilités qui demeurent ? J'ai connu un vieil homme bien fatigué, qui voulait tenir jusqu'à la fin de la présidence de Mitterrand, pour voir ce qui allait se passer ensuite : curiosité gourmande, insatiable goût d'avenir. Il mourut quelques jours trop tôt, toujours à l'affût des remous de société, « vivant » jusqu'au départ.

Un autre espace s'est ouvert, celui du souvenir. Le vide des matins silencieux, les longs temps de repos permettent l'étonnante résurgence du passé. Soudain voici la saveur de la rentrée scolaire et l'odeur des livres neufs, la griserie d'un soir de mai, une tristesse enfantine qui n'était pas réapparue à la conscience depuis des dizaines d'années. J'aime ces retrouvailles inattendues. Jusqu'où iront-elles, agréables ou tristes ? Ce qui m'étonne le plus, c'est de voir tant de personnages passer en moi, au cours d'une journée. Il y a mes père et mère, mon frère, les grands-parents, les voisins, les membres de ma famille : ils sont toujours là, me semble-t-il, même s'ils ne sont pas sur le devant de la scène. Il y a les visages aimés, dont la rencontre est devenue définitive, que je retrouve en moi chaque jour, et plusieurs fois par jour. Il y a d'autres personnes, oubliées parfois depuis longtemps, qui surgissent tout à coup et s'imposent avec une présence étrange : pourquoi, comment remontent-elles de ma mémoire enfouie ? Certaines me rappellent que je n'ai pas été pour elles ce que j'aurais dû être, et je constate que le remords ou le regret ne sont pas éteints en moi. D'autres débouchent des coulisses de mon inconscient sans que je puisse trouver la moindre raison à leur retour. Aux heures de vacuité et de fatigue, quand rien n'alimente l'attention au présent, ces réapparitions sont plus fréquentes, comme si quelque danse intime et nombreuse débordait du cercle obscur où elle se poursuit sans doute jour et nuit. On dirait que toute la vie cherche à se rassembler en une mise en présence totale.

Combien de personnes traversent ainsi, journellement, le théâtre intérieur ? Des dizaines, des centaines ? Le compte serait impressionnant, mais prêter attention au défilé en troublerait le déroulement et fausserait les résultats. Il suffit de constater que je vis avec une foule intérieure. Ce compagnonnage est comme distrait, discret, et ne trouble pas la solitude intime. Ne faudrait-il pas le vivre avec une conscience plus attentive, accueillir celles et ceux qui font irruption, entrer avec eux en conversation muette ?

Tout à l'heure, je voyais se succéder en moi, en un

instant, les visages d'un homme rencontré dans le train il y a vingt-cinq ans, celui d'une fillette avec qui j'ai parlé à Bethléem en 1979, celui d'un camarade de régiment. Et si je tourne mon regard vers cette pénombre, les êtres oubliés se précipitent vers moi dans un grand désordre. Qui agite le kaléidoscope ?

Et quelle joie, quand je reçois une lettre ou une visite de quelqu'un dont la vie m'avait séparé depuis long-temps, quand on se retrouve comme si on s'était quittés la veille ! Je le constate et je le vis : en abordant le final de nos jours, on voudrait en nouer le bouquet de rencontres heureuses.

Il m'arrive aussi de voir ma vie se décanter. Qu'a-t-elle valu ? Qu'en reste-t-il en « fin de compte » ? Aux matins de brouillard, je fais un bilan négatif. Ces décennies si occupées, si rapides, ne furent-elles pas vaines ? Qu'aurai-je été pour les autres, mais aussi à l'intérieur de moi-même ? Derrière mes actes, fussent-ils bienfaisants, quelles étaient mes recherches voilées ? Ai-je jamais unifié ma vie ? N'ai-je pas toujours été « plusieurs », discordant en moi-même ? Comme tout aurait pu être différent... Ces moments de vertige ne sont pas fréquents et ne me troublent pas profondément. L'arrivée d'une lettre, du Paraguay, d'Espagne, ou de quelque coin de France, me porte aussi l'écho reconnaissant d'un inconnu qu'un de mes livres a rejoint, comme bouteille à la mer : pourquoi ne pas se réjouir d'avoir aidé des êtres à vivre, même si je n'y ai « aucun mérite » ? Finalement, tout bien ou mal « pesé » (la « pesée des âmes »), j'accepte de n'avoir été que ce que j'ai été, sans trop

173

savoir. Je fus, je suis un commencement maladroit, parfois gâché, un mystère pour moi-même.

Je peux commencer encore aujourd'hui, demain, cette vie qui m'est toujours donnée, qui m'entraîne et me provoque. Il est temps d'ouvrir les yeux, de contempler, d'aider et d'aimer, dans une gratuité croissante. La paix, malgré et avec tout, m'envahit : puissé-je en être contagieux auprès de beaucoup d'êtres dont je partage le chemin.

« Et Dieu là-dedans ? » comme on disait jadis en faisant révision de vie. Je suis moins renseigné sur lui que je ne l'ai été. J'hésite à parler de lui. Que signifie « lui », comme s'il était un parmi d'autres, comme s'il faisait nombre avec nous ? Le langage trébuche et ne peut offrir que des signes et des symboles. Ne faut-il pas mettre la main sur la bouche, comme Job qui vient de constater son ignorance invincible devant l'immense univers, après avoir connu la ténèbre du malheur innocent ?

Il est plus facile de parler de Jésus. Je sais bien, pour avoir suivi, depuis cinquante ans, les travaux des chercheurs, que notre curiosité sur sa vie, ses projets, sa psychologie, demeure insatisfaite. Impossible de l'enfermer dans nos précisions et nos définitions. En regardant vers sa silhouette qui franchit toujours nos horizons bornés, je pense à la phrase de Philippe Jaccottet : « L'effacement soit ma façon de resplendir. »

La voie qu'il a ouverte – éveil, don, pardon, amour de tous jusqu'au sacrifice, tendresse balbutiante pour dire « Abba, Père » – est ma lumière. Comme elle est humaine, cette voie, et comme elle dépasse l'homme. Comme elle lui révèle qu'il est voué à plus grand que lui, sur cette mouvante frontière dans l'évolution des vivants, où les individus et les sociétés oscillent entre les régressions vers l'égoïsme, la violence, et la montée vers la générosité, la fraternité...

Enfin, il y a la mort, horizon quotidien. Celle, si redoutée, des êtres qui sont les fibres de mon cœur. Enfant, je pleurais déjà, le soir, dans mon lit, en pensant qu'un jour mes parents ne seraient plus là. Je pense aussi que je vais moi aussi mourir. Il me semble que c'est impossible, mais l'expérience universelle et le déclin de ma santé m'en imposent la certitude. Quand ? Où ? Comment ? Cette brume de questions et d'ignorance s'est glissée dans mon paysage de chaque jour. Je regarde, à l'entrée du cimetière, le caveau, un peu lourd, où l'on déposera mon corps éteint : sera-t-il « dépouille et semence », comme l'écrivit Claudel sur son épitaphe ? Il fut un temps où j'avais apprivoisé la peur de la mort. Je portais en moi une évidence d'éternité. Je m'étonnais même qu'elle ne soit pas partagée par tous. Je savais l'habiller de considérations et de preuves, mais elle semblait d'abord une expérience immédiate. J'ai perdu cette assurance intérieure lorsque Maman mourut. Depuis, les deuils successifs ont prolongé cet ébranlement. Lorsque mon frère unique est parti subitement, les paroles qui voulaient me consoler par des affirmations péremptoires de certitude m'étaient insupportables : il m'arriva d'écarter le combiné du téléphone de mon oreille pour ne pas entendre, pendant que le discours continuait... Moi-même, je ne sais que dire à celles et ceux qui pleurent un être proche. Je leur porte mon silence, un regard, une main. Je leur dis parfois : « Vous l'avez bien accompagné. » Si je célèbre la cérémonie, j'essaie d'évoquer ce qu'il y eut de beau, d'unique, ce qui donne envie de rendre grâces, dans la vie qui s'en va. Je trie parfois dans les formules du rituel et j'improvise...

Ai-je perdu, en n'ayant plus le sentiment d'immortalité qui accompagnait ma jeunesse ? Je ne le crois pas. Il me semble qu'il est plus humain, pour moi du moins, de cheminer dans l'alternance de l'ombre et de la lumière, de ne pas savoir et d'espérer, de devoir faire un pas pour découvrir que le sol reste ferme et qu'il fera jour demain. « Un beau risque », disait Platon. L'homme est plus grand, plus vrai, d'avancer avec ce frémissement au cœur. En son être tâtonnant, il conjugue l'incertitude et l'espérance. Il est des heures où il nous devient comme sensible que nous sommes vivants pour toujours, il en est d'autres où nous ne savons plus, où nous n'osons plus y croire. Le pressentiment de Dieu ne peut être que tremblant.

Même si la mort était le total effacement, j'aimerais, durant les derniers instants, dire un merci comblé à celles et ceux qui habitent mon âme, un merci émerveillé à la vie, aux collines qui entourent mon village, au soleil, à l'univers. Cet ultime élan de reconnaissance, alors que tout disparaît, ne serait-il pas le signe d'une incroyable naissance ? Comme ma première naissance, fruit de multiples hasards, m'apparaît gratuite ! Pourquoi la seconde ne le serait-elle pas plus encore ? L'amour, la chaîne des amours, furent mon origine. La force folle et chaleureuse d'aimer et d'être fécond pourrait-elle renoncer à son désir impétueux de créer et recréer, que des millions d'années-lumière n'ont pas épuisé ?

Il m'est arrivé de dire que j'attendais la mort avec curiosité. Je suis bouleversé de voir que certaines agonies sont si longues et si cruelles. J'appréhende d'avoir à souffrir... Au-delà, j'attends, j'espère... une indicible aurore. Mais restons discrets sur ce secret que nous recelons comme un bijou immatériel.

Je relis volontiers les lignes de Michel Serres qui compare l'espoir et l'espérance : « L'espoir demande quelque entretien, s'essouffle vite et s'épuise ou, sans bois, ne brûle pas. L'espérance n'a pas besoin de promesse, elle ne cherche pas de récompense, mais vient du désert ou de la haute mer. Pourquoi la vie continue-t-elle, à mort ? Pourquoi s'entête-t-elle à battre, à luire, à flamber ? Réponse de l'espérance : pour rien. »

Je pense à la parole de Jésus : « Nul, s'il ne renaît... » et à la repartie de Nicodème : « Peut-on naître quand on est vieux... ? » Jésus propose de « devenir enfant », à n'importe quel âge. Suis-je un enfant aux cheveux blancs ?

*

Je m'émerveille depuis longtemps devant la multitude des représentations de Jésus à travers les siècles et les pays : les a-t-on jamais dénombrées ? Des premières figurations symboliques de l'antiquité chrétienne aux toiles contemporaines, des Christs d'Amérique latine à ceux du Japon, la « galerie imaginaire » est infinie : des centaines de milliers de tableaux, de mosaïques, de sculptures, d'émaux, de dessins veulent montrer ou évoquer l'être le plus aimé de l'histoire humaine. Ici, il est majestueux, barbu, solennel ; ailleurs, on le voit petit de taille, imberbe, le regard ardent...

Avec l'expansion du christianisme, surtout au cours du deuxième millénaire, chaque peuple va « naturaliser » Jésus et lui donner son propre visage. Dans le monde germanique, il aura de grands yeux, des cheveux blonds ; en Catalogne et en Espagne, il aura de lourds sourcils, un long visage ; en Bourgogne, il respirera une noble sérénité. Le constat pourrait se répéter indéfiniment : partout, les artistes représentent Jésus comme s'il était l'un de leurs voisins. Le vers d'Eluard remonte à la mémoire : « Car il fallait bien qu'un visage réponde à tous les noms du monde... » Ainsi le visage humain de Dieu était celui de l'humanité proche.

Le visage de Jésus change aussi aux saisons contrastées de la vie des peuples. Pour ne citer qu'un exemple, quand la peste noire sèmera la mort en Europe, les artistes sculpteront ou peindront les souffrances de Jésus et son visage mort avec un réalisme presque insoutenable. Ils feront de Jésus le compagnon de la détresse des hommes de leur temps.

Comment rendre compte de l'immense palette des visages de Jésus ? Il y a ceux qu'ont présentés les artistes, ceux qu'ont élaborés les théologiens, ceux que les pouvoirs ont parfois manipulés, ceux que les mystiques ont accueillis dans leurs consciences, ceux qui ont exercé leur attraction sur la conduite des foules chrétiennes... Étaient-ils, sont-ils, des modèles d'identification ? des figures mobilisatrices ? des références sacralisantes au service des pouvoirs, politique ou religieux ? des visages flous disponibles à tous les fantasmes ? Chaque figuration appellerait l'une de ces analyses fines que proposent parfois sociologues, psychologues, historiens ou critiques d'art...

Que de fois l'artiste donne à Jésus la plus délicate beauté en tendant vers lui ses plus hautes aspirations et en se laissant traverser par l'au-delà de toute inspiration...

J'aime surtout que tout homme, quels que soient son pays ou sa condition, puisse reconnaître en lui son frère en humanité...

Je sais aussi que la diversité des portraits de Jésus a pu se déployer parce que l'on ignore tout de l'ineffable visage. S'il avait été gravé au premier siècle sur une pièce de monnaie ou sculpté dans le marbre d'une stèle, il aurait eu à jamais la rigidité morte d'une effigie et l'on n'aurait pu que la reproduire. Heureusement que le visage du charpentier de Nazareth nous demeure inconnu. Sa question pourra toujours retentir : « Et vous, que dites-vous que je suis ? » Les peintres, eux aussi, hésitent parfois à répondre. Il fait bon savoir que Rembrandt se reprenait, corrigeait, tourmentait son burin, lorsqu'il gravait les cuivres de ses eaux-fortes.

Les siècles aussi ont tâtonné pour tenter de donner à Jésus le visage qu'ils ne possèdent pas. Bienheureuse ignorance qui fait échapper Jésus à la précision du portrait « authentique » et qui demande aux hommes de puiser au meilleur d'eux-mêmes pour aller vers l'inaccessible figure ! Les quatre Évangiles ne nous offraient-ils pas déjà, avec leurs différences, quatre interprétations de l'œuvre de Jésus, du fait des personnalités de leurs auteurs, de la diversité de leurs destinataires, des contextes variés de leurs rédactions ? On n'aura jamais fini de regarder, comme à travers quatre lentilles aux indices de réfraction variés, vers le point focal, inaccessible, qui rayonne... Jamais en ce monde on ne cessera de chercher le visage de Jésus, « un visage qui dure, plus beau que son histoire » (Norge).

Rousseau soupirait : « Que d'hommes entre Dieu et moi. » Au vertige devant les milliers de visages de Jésus, on pourrait dire aussi : « Que d'hommes entre Jésus et moi. » Ne serait-ce pas le moment de l'entendre lui-même, dans l'Évangile de Matthieu (25, 31-46), nous présenter son visage immédiat, celui qu'il a définitivement authentifié : « J'ai eu faim et tu m'as donné à manger... » ?

*

Je le ressens, comme beaucoup de nos contemporains : une pauvreté secrète nous dépouille. Philosophes et poètes, ces sourciers de nos profondeurs, nous l'annonçaient depuis deux siècles. Aujourd'hui, leurs voix mettent à nu nos consciences et nous expriment à nous-mêmes.

Qui n'entendrait résonner en lui les vers de Jean Mogin : « Nous sommes sans nouvelles... sans nouvelles des morts, sans nouvelles pour vivre, sans nouvelles d'espoir, nous sommes sans nouvelles de Dieu » ?

Nietszche avait annoncé, à la fin du dix-neuvième siècle, que la mort du Dieu chrétien commençait à « répandre sa première ombre sur l'Europe ». L'événement lui semblait alors trop grand pour que beaucoup de personnes en prennent conscience. Mais en ce début du vingt et unième siècle, ils ne sont plus « rares », celles et ceux pour lesquels « il semble qu'un soleil ait décliné, qu'une ancienne et profonde confiance se soit renversée en doute ».

Beaucoup pourraient écrire avec l'auteur du *Gai Savoir* : « Nous qui attendons sur les montagnes, placés entre aujourd'hui et demain et écartelés dans la contradiction entre aujourd'hui et demain, nous, premiers-nés et enfants précoces du siècle à venir... » Mais combien auraient l'audace de saluer avec lui « une nouvelle aurore », et de s'écrier : « L'horizon nous semble enfin redevenu libre, même s'il n'est pas limpide, nos navires peuvent de nouveau courir les mers... La mer, *notre* mer, nous offre de nouveau son grand large, peut-être n'y eut-il jamais encore pareil "grand large" » ?

Au « grand large », la brume cache la ligne d'horizon où le ciel et la terre se rejoignent. Celles et ceux qui ne sont pas les fidèles d'une Église ou d'une religion « révélée » ne cherchent guère, ne cherchent pas, à regarder au-delà. La nouveauté des décennies que nous traversons, c'est que les « croyants » eux-mêmes voient le brouillard s'avancer vers eux. Le temps n'est plus où l'univers humain et divin était en bon ordre – terre, purgatoire, ciel – et où la vie était régie par des prescriptions, des rites, des croyances que l'on pensait immuables. L'assurance de jadis a fait place à une perplexité croissante. Beaucoup de chrétiens font leur religion « à la carte ». Ils perçoivent confusément que le langage qui exprimait la foi s'est attardé sur des registres culturels qui ne sont plus les nôtres : les mots, les images, les concepts sont souvent devenus anachroniques. Ils ne « parlent » plus.

On pourrait multiplier les exemples. Prenons celui de certaines traditions bibliques, dont on ne peut plus faire une lecture naïve. On sait que les textes qui racontent les faits et gestes d'Abraham, de Moïse, de David ont été, pour une large part, « construits » par des hommes qui proposaient une identité à un peuple en lui offrant des récits d'origine : ils nous disent le sens que ces écrivains donnaient au présent et à l'avenir, plus que l'écho fidèle de ce passé. Par rapport à la lecture traditionnelle, quel déplacement ! Le « sens » est moins dans les événements que dans les consciences de ceux qui les ont interprétés. Comment actualiser, dans ces perspectives neuves, la catéchèse, la liturgie, la théologie ? Pour l'heure, une impression d'appauvrissement envahit les consciences...

Les « relectures » concernent les livres de l'Ancien Testament, mais aussi ceux du Nouveau et l'ensemble de la mémoire chrétienne. La crise actuelle de la « transmission » en indique l'urgence. Transmission dans les nouvelles cultures qui s'ébauchent... oui, mais que « transmettre » ? Quand les évêques invitent à « proposer la foi », ne faut-il pas demander : « Quelle foi » ? Il ne s'agit pas seulement de la présentation de la foi, il s'agit de son contenu.

Une meilleure connaissance du passé, de ce qui était

croyable et pensable à telle époque, des contextes sociaux, religieux, politiques, des vecteurs disponibles, permettra-t-elle de trouver la sève vive au-delà des écorces séculaires ? En ces jours de grande mue culturelle du monde, où les médias véhiculent tant de mises en question, le public s'interroge sur les certitudes d'autrefois. Une nouvelle aurore se lèvera-t-elle ? En l'attendant, en la préparant, en la guettant, sommes-nous dans la « nuit obscure » ? Jean de la Croix et beaucoup de mystiques nous ont appris que le « Rien » (« Nada ») est le chemin où l'on se débarrasse des idoles, des visées anthropomorphiques, des prétentions à enclore « l'Au-delà de tout nom ». Bienheureuse pauvreté, bienheureuse nudité... Est-ce celle de nos tâtonnements ? Il serait sans doute téméraire et léger de répondre trop vite par l'affirmative. Mais peut-être faut-il en nos ténèbres chercher et accepter cette nuit où l'on entend murmurer une source...

Et Jésus ? Avec le déclin des Églises en Europe, ne va-t-il pas glisser dans l'oubli ? Le grand exégète G. von Rad écrivait, il y a trente ans : « La situation de notre époque par rapport à Jésus-Christ pourrait être comparée à un crépuscule. Lui, le soleil, est sur son déclin. Il reste de lui une lueur au-dessus de la terre, il subsiste encore quelque chose de sa chaleur, il y a encore des gens qui connaissent son amour, qui savent qu'il faut protéger celui qui est sans défense, qui savent que les malades et les souffrants sont particulièrement en honneur aux yeux de Dieu, encore, encore [...]. Et maintenant je voudrais dire très franchement : c'est peu, c'est très peu, quand on pense à ce que le Christ a apporté. » Von Rad parlait de « notre époque » : ce constat alarmant s'appliquait-il aux chrétiens ?

Il est vrai que ceux-là mêmes qui veulent être les disciples de Jésus découvrent parfois, en regardant une émission de télévision ou en lisant un article d'un magazine, qu'il y a une distance troublante entre le Jésus du catéchisme de leur enfance et celui que présentent les chercheurs. Ils apprennent que les textes qui parlent de lui – les lettres de saint Paul, les Évangiles, les écrits chrétiens des premiers siècles – ont besoin d'être situés, interprétés, pour être bien compris : les travaux considérables effectués depuis des décennies sont trop peu connus et les chrétiens eux-mêmes restent souvent dans une grande ignorance. Comment ne seraient-ils pas décontenancés lorsque des approches nouvelles leur révèlent l'indigence de leurs connaissances ?

Mais j'espère qu'une découverte neuve des Évangiles va faire entendre leur musique intérieure. Jésus, en deçà des revêtements, religieux, philosophiques, institutionnels, hérités des cultures juive, grecque et romaine, apparaîtra plus que jamais comme un être unique qui nous montre l'humanité transfigurée à laquelle tant d'hommes aspirent confusément. De sa vie, de ses initiatives qui ont bousculé toutes les entraves des consciences et des sociétés, de sa parole à jamais dérangeante et stimulante, nous apprendrons qu'il est le « premier de cordée » toujours en avant de la marche des hommes, l'« éveilleur » en nos nuits, le « mutant » qui fait exister l'homme à venir, l'enfant qui murmure « Père » devant le mystère du monde, le martyr, le témoin qui donne sa vie et qui pardonne, le semeur qui est aussi le grain jeté en terre pour que le blé lève à toutes saisons de l'histoire.

Lui aussi était pauvre, pauvre de Dieu jusqu'à s'écrier : « Mon Dieu, mon Dieu, pourquoi m'as-tu abandonné ? »

*

Une pensée étrange a traversé mon esprit tout à l'heure : qu'écrirais-je si j'étais sur le point de mourir, si on mettait devant moi une feuille blanche, si l'on me demandait de rédiger une dernière fois quelques lignes sur Jésus ? J'imagine qu'un immense silence se creuserait en moi. Beaucoup de mots défileraient dans mon esprit... et je n'en retiendrais peut-être aucun. Des images aussi, des visages de Christ, resurgiraient en moi, toujours aussi émouvants : aucune, aucun ne s'imposerait. Alors, remettrais-je copie blanche ? Je ne sais pas. Peut-être saurais-je seulement écrire sur la feuille : JÉSUS. Comme si tout autre mot risquait déjà de le trahir.

Jésus... Depuis ma jeunesse, ces deux syllabes douces m'ont entraîné dans l'étude, dans la prière, dans la libre réflexion. Que de livres d'histoire, d'exégèse, de théologie, que de commentaires des évangiles parcourus et scrutés ! Mon désir de le connaître davantage et mieux est toujours aussi vif. Et j'ai toujours le sentiment d'être au commencement. Les travaux et les découvertes, depuis plus de deux siècles, ont fait progresser prodigieusement la connaissance du Nouveau Testament et du

185

monde dans lequel vécut Jésus : les méthodes se sont diversifiées et affinées ; l'affrontement des écoles, des thèses et des hypothèses a stimulé la pensée et la recherche. Mais je constate que beaucoup de livres savants parus ces dernières années offrent comme conclusion la célèbre question de Jésus à ses compagnons : « Et vous, qui dites-vous que je suis ? »

Pierre, en leur nom, répondit avec des paroles puisées dans les attentes du peuple juif : « Tu es le Messie... » Plus tard, d'autres réponses furent données : la foi des premières générations chrétiennes s'exprima en fonction des cultures variées, des inquiétudes et des urgences, des nécessités collectives. Au long des siècles et des chemins de l'histoire, en Grèce ou à Rome jadis, en Inde ou en Chine aujourd'hui, l'interrogation demeure : « Et vous... »

Il y a eu, il y a beaucoup de réponses. Aucune ne referme la question. Car les mots ne font que montrer du doigt et d'autres mots peuvent désigner à leur tour. Modestement... J'aime que le secret demeure. Il fascine et il attire : les livres aident à avancer vers lui, mais on perçoit vite qu'il faut, pour en approcher, accorder sa vie à l'étonnante Nouvelle. Un enfant, une femme ou un homme sans grande instruction peuvent en être plus près qu'un savant spécialiste.

Alors, ma page blanche ? À la question : « Vous, qui dites-vous que je suis ? », j'ai envie de donner pour seule réponse un silence souriant. Mais ce n'est pas un silence vide ou distant. C'est un silence de respect, de joie, d'accueil. Il y a là plus grand que nos paroles et nos théories.

L'inconnaissance du secret regarde vers un mystérieux affleurement.

Si j'étais sur le point de mourir, je voudrais donc terminer par le silence. Il éclorait comme celui qui naît après le dernier accord d'une symphonie : aucun instrument ne joue de ce silence et tous l'ont préparé.

Du même auteur

Plume : l'âge de raison,
Amis de Crespiat, 2002.

Plume : je rêve du Paradis,
Amis de Crespiat, 2001.

Jésus, Pierre et le pape,
Éditions de l'Atelier, 2000.

Plume,
Amis de Crespiat, 1998.

Frère François, le saint d'Assise,
Gallimard, 1998.

Éclats d'Évangile,
avec Hyacinthe Vulliez,
Desclée de Brouwer, 1998.

Les Évangiles,
avec Marc Sevin,
Cerf, 1996.

Les Prophètes,
Cerf, 1996.

Urbi et Orbi : deux mille ans de Papauté,
avec Francesco Chiovaro,
Gallimard, 1995.

Écoute le jour : journal 1988-1994,
Desclée de Brouwer, 1995.

Le Pape a disparu,
illustrations de Piem,
Desclée de Brouwer, 1995.

La Mise au tombeau de la cathédrale de Rodez,
avec Hyacinthe Vulliez,
Éditions du Rouergue, 1994.

Le Christ de La Llagonne,
avec Hyacinthe Vulliez
Éditions du Vieil Annecy, 1993.

Jésus, le Dieu inattendu,
Gallimard, 1993.

Prières pour les jours de notre vie,
avec Ambroise-Marie Carré,
Cerf, 1991.

Visages d'aurore (journal),
Cerf, 1986.

La Merlette et le Grillon (journal),
Cerf, 1984.

Saint François,
avec Gérard Delepierre,
Cerf, 1977.

*Composition Nord Compo
et impression Imprimerie Floch sur Roto-Page
en novembre 2003.*

*N° d'impression : 58810.
N° d'édition : 22110.
Dépôt légal : janvier 2004.
Imprimé en France.*